PREVENCIÓN DE RIESGOS LABORALES

MANIPULACIÓN DE CARGAS, IMPLANTACIÓN DE OBRA Y MOVIMIENTO DE TIERRAS

Autora: Lucía Blanco Bartolomé

CRÉDITOS:

AUTORES:

Dª LUCÍA BLANCO BARTOLOMÉ

Título: Prevención de riesgos laborales. Manipulación de cargas, implantación de obra y movimiento de tierras.

© Lucía Blanco Bartolomé

© Prevención de riesgos laborales. Manipulación de cargas, implantación de obra y movimiento de tierras. 3ª edición

ISBN Libro en papel: 978-84-685-8158-3

ISBN eBook en PDF: 978-84-685-8159-0

3ª edición, Mayo 2024, Alicante.

Impreso en España

Editado por Bubok Publishing S.L

Puesto a la venta en: https://www.bubok.es/libros/278512/prevencion-de-riesgos-laborales-manipulacion-de-cargas-implantacion-de-obra-y-movimiento-de-tierras-3-edicion

ÍNDICE GENERAL

PRÓLOGO

PARTE A: MANIPULACIÓN DE CARGAS

PARTE B: IMPLANTACIÓN DE LA OBRA

PARTE C: MOVIMIENTO DE TIERRAS

ÍNDICE COMPLETO

PARTE B: <u>IMPLANTACIÓN DE LA OBRA</u>

PARTE C: <u>MOVIMIENTO DE TIERRAS</u>

PRÓLOGO

Esta publicación forma parte de una serie más amplia de documentos sobre prevención de riesgos laborales, basados en trabajos previos publicados con **D. Gustavo A. Arcenegui Parreño**. Recogen los contenidos fundamentales de las asignaturas que impartimos de **Prevención de Riesgos Laborales en Edificación** en el **Grado en Arquitectura Técnica** y de **Seguridad en el Trabajo I** y **Seguridad y Salud en la construcción** del **Máster Universitario en Prevención de Riesgos Laborales**. Se trata de tres asignaturas adscritas al Área de Construcciones Arquitectónicas dentro del **Departamento de Edificación y Urbanismo** de la **Escuela Politécnica Superior de la Universidad de Alicante**. Por lo tanto, es un material muy útil tanto para estudiantes de estas materias en otros centros de estudios, así como para profesionales que tengan que aplicar la prevención de riesgos laborales. Para conocer otras publicaciones sobre estos autores, se puede acceder a su blog: http://prevencionderiesgos-laborales.blogspot.com.es/search/label/Publicaciones.

Se ha decidido publicar este material actualizado, así como otros a través de esta editorial, con la doble finalidad: Abrir su difusión a estudiantes y profesores de otros centros de estudios, así como para profesionales que tengan que aplicar la prevención de riesgos laborales, y, por otro lado, facilitar este material de una forma más económica (en formato pdf) para que se pueda disponer de ellos siempre actualizados. El material se publicará en formato pdf y en formato papel. La mayor parte de estas publicaciones se revisará anualmente publicándose de nuevo actualizada. Cuando se compre el formato papel se suministrará también el enlace al documento en pdf en el mensaje de confirmación de la compra.

En esta publicación se abordan tres aspectos relativos a la prevención de riesgos laborales:

A. Manipulación de cargas, centrándose en la manipulación manual.
B. Implantación de la obra
C. Movimiento de tierras, analizando la seguridad en esta fase de la ejecución de la obra.

En esta edición de esta publicación están recogidas, entre otras, las modificaciones correspondientes al VII Convenio General del Sector de la Construcción publicado en la Resolución de 6 de septiembre de 2023, de la Dirección General de Trabajo.

Lucía Blanco Bartolomé

PARTE A: MANIPULACIÓN DE CARGAS

ÍNDICE

1.- INTRODUCCIÓN

Uno de los accidentes más frecuentes con el que nos encontramos en el sector de la construcción, es el que se origina en la manipulación de materiales dentro de las obras. Esta manipulación requiere fundamentalmente la realización de las siguientes operaciones:

- Levantamiento.
- Transporte.
- Descarga.

Existen varios sistemas de manipulación de cargas, dependiendo del volumen, peso y manejabilidad del producto, así tenemos:

- **Manual:** Este tipo de manipulación es el que realiza el trabajador a través de su fuerza, sin que intervenga aparato alguno.

- **Mecánica:** Emplea máquinas o equipos que, dirigidos por un trabajador ejecutan las tres tareas básicas.

- **Combinada:** Combinación del manejo manual y mecánico.

- **Automática:** Emplea máquinas o equipos, pero sin participación del trabajador en ningún momento, como por ejemplo cintas transportadoras, transporte neumático, etc.

Los riesgos principales que se pueden generar por la manipulación de cargas son los siguientes:

- Golpes o choques contra objetos.
- Sobreesfuerzos.
- Caída de materiales.

La actualización de estos riesgos se materializa en: heridas, contusiones, fracturas, luxaciones, hernias, lumbalgias, amputaciones, incapacidades permanentes, muerte, ..., que afectan de mayor a menor a las siguientes partes del cuerpo: manos, tronco, pies, piernas, brazos, etc.

Una de las lesiones más graves que se pueden producir son las hernias y hernias discales. No hace mucho, todos los dolores de espalda se denominaban lumbalgias, sin embargo, actualmente se atribuyen a lesiones en los discos. La columna vertebral es una estructura flexible, compuesta de 33 huesos o vértebras, nueve de las cuales están soldadas en la base, las restantes 24 permiten el movimiento. Entre cada uno de los huesos móviles, hay un amortiguador, de tejido fibroso, que son los discos intervertebrales. La función principal de estos discos es actuar como cojín o como absorbente de choques.

Cuando mantenemos la espalda recta, los discos invertebrados reciben una presión constante y uniforme en toda su superficie. Pero, cuando tratamos de elevar una carga con la espalda encorvada, la presión sobre los discos no es uniforme y presionan más en un determinado punto. Esto hace que al disco le salga una especie de bulto (hernia de disco), que presiona sobre la médula espinal.

En dos campos hay que actuar para eliminar estos accidentes de trabajo:
- en las condiciones peligrosas que se detectan en las instalaciones, máquinas, medios auxiliares, herramientas, etc., que utilizaremos para efectuar un transporte
- sobre las actuaciones peligrosas que puedan realizar los operarios en el transporte de materiales, de forma individual o colectivamente.

Las condiciones peligrosas deben ser eliminadas por la Empresa, después de que ésta haya realizado la evaluación de riesgos, y las acciones peligrosas por parte de la empresa y de los trabajadores, teniendo en cuenta que no en todas la acciones peligrosas realizadas por los trabajadores éstos son conscientes de que las están realizando.

2.- MANIPULACIÓN MANUAL

2.1.- Legislación

- Ley 31/95, de 8 de noviembre, por la que se aprueba la Ley de Prevención de Riesgos Laborales.
- RD 487/1997, de 14 de abril, sobre disposiciones mínimas de seguridad y salud relativas a la manipulación manual de cargas que entrañe riesgos, en particular dorsolumbares, para los trabajadores.

2.2.- Definición de "carga".

Según la *Guía Técnica para la evaluación y prevención de los riesgos relativos a la manipulación manual de cargas*, se entiende como "carga" cualquier objeto susceptible de ser movido. Se consideran también cargas los materiales que se manipulen, por ejemplo, por medio de una grúa u otro medio mecánico, pero que requieran aún del esfuerzo humano para moverlos o colocarlos en su posición definitiva.

A efectos del RD 487/97, se entenderá por "manipulación manual de cargas" cualquier operación de transporte o sujeción de una carga por parte de uno o varios trabajadores, como el levantamiento, la colocación, el empuje, la tracción o el desplazamiento, que por sus características o condiciones ergonómicas inadecuadas entrañe riesgos, en particular dorsolumbares, para los trabajadores.

La Guía Técnica aporta más datos en relación a lo que podemos considerar manipulación manual de cargas. En la manipulación manual de cargas interviene el esfuerzo humano tanto de forma directa (levantamiento, colocación) como indirecta (empuje, tracción, desplazamiento). También es manipulación manual transportar o mantener la carga alzada. Incluye la sujeción con las manos y con otras partes del cuerpo, como la espalda, y lanzar la carga de una persona a otra. No será manipulación de cargas la aplicación de fuerzas como el movimiento de una manivela o una palanca de mandos.

En la guía elaborada por el INSST en 2023 sobre métodos de evaluación de riesgos derivados de la manipulación manual de cargas[1], definen tres **tipos de manipulación manual de cargas** definiéndolas según las normas de las series ISO 11228, UNE 1005 y el informe técnico ISO/TR 12296:201219, teniendo en cuenta que, en el concepto de carga, se incluyen objetos y seres vivos:

- Sujeción: mantener una carga durante un tiempo determinado. Suele ser una acción precedida de otras, como levantar, colocar, etc.
- Transporte: desplazar una carga que permanece alzada empleando fuerza humana.
- Desplazamiento: mover una carga horizontalmente de manera que se emplee la fuerza humana.
- Levantamiento: mover una carga desde su posición inicial hacia arriba sin asistencia mecánica.
- Descenso: mover una carga desde su posición inicial hacia abajo sin asistencia mecánica.
- Colocación: situar la carga en el lugar de destino.
- Empuje: esfuerzo físico humano en el que se hace fuerza contra la carga para moverla hacia adelante en el plano horizontal.
- Tracción: esfuerzo físico humano en el que se tira de la carga para moverla hacia atrás en el plano horizontal.
- Movilización de personas: es un tipo de manipulación específica que requiere fuerza para empujar, tirar, levantar, bajar, transferir o, de alguna manera, mover o sujetar a una persona o parte del cuerpo de una persona con o sin dispositivo de asistencia (Los métodos de evaluación de riesgos derivados de la movilización y transferencia de personas no se incluyen en el análisis de ese documento del INSST sobre métodos de evaluación de riesgos derivados de la manipulación manual de cargas).

Se considera que la manipulación manual de toda carga que pese más de 3 kg[2] puede entrañar un potencial riesgo dorsolumbar no tolerable, ya que, a pesar de ser una carga bastante ligera, si se manipula en unas condiciones ergonómicas desfavorables (alejada del cuerpo, con posturas inadecuadas, muy frecuentemente, en condiciones ambientales desfavorables, con suelos inestables, etc.), podría generar un riesgo.

---

[1] "Métodos de evaluación de riesgos derivados de la manipulación manual de cargas". INSST. 2023

[2] ISO/CD 11228 Ergonomics - Mannual handling - Part 1: Lifting and carrying.
UNE-EN 1005-2:2004+A1:2009 Seguridad en máquinas. Comportamiento físico del ser humano. Parte 2: Manejo de máquinas y de sus partes componentes.

La manipulación manual de cargas menores de 3 kg también podría generar riesgos de trastornos musculoesqueléticos en los miembros superiores debidos a esfuerzos repetitivos, pero no estarían contemplados en este Real Decreto como tareas que generen riesgos dorsolumbares.

Así pues, a efectos de esta Guía se debería realizar una evaluación de los riesgos debidos a las cargas que pesen más de 3 kg en las condiciones anteriormente señaladas. Las cargas que pesen más de 25 kg muy probablemente constituyan un riesgo en sí mismas, aunque no existan otras condiciones ergonómicas desfavorables.

2.3.- Tipos de riesgos y lesiones.

En el Anexo del RD 487/97 se indican los factores de riesgos que habrán de tenerse en cuenta para la realización de la evaluación de riesgos y para la formación e información a los trabajadores sobre dichos riesgos, siendo los que se indican a continuación:

1. <u>Características de la carga</u>

La manipulación manual de una carga puede presentar un riesgo, en particular dorsolumbar, en los casos siguientes:

- cuando la carga es demasiado pesada o demasiado grande;
- cuando es voluminosa o difícil de sujetar;
- cuando está en equilibrio inestable o su contenido corre el riesgo de desplazarse;
- cuando está colocada de tal modo que debe sostenerse o manipularse a distancia del tronco o con torsión o inclinación del mismo;
- cuando la carga, debido a su aspecto exterior o a su consistencia, puede ocasionar lesiones al trabajador, en particular en caso de golpe.

2. <u>Esfuerzo físico necesario.</u>

Un esfuerzo físico puede entrañar un riesgo, en particular dorsolumbar, en los casos siguientes:

- cuando es demasiado importante;
- cuando no puede realizarse más que por un movimiento de torsión o de flexión del tronco;
- cuando puede acarrear un movimiento brusco de la carga;
- cuando se realiza mientras el cuerpo está en posición inestable;
- cuando se trate de alzar o descender la carga con necesidad de modificar el agarre.

Ejemplos de tareas que requieren adoptar posturas forzadas en construcción[3]:

- Tareas realizadas a ras de suelo que exigen flexionar la espalda de manera intensa, como por ejemplo instalación de pavimentos, atado de ferralla, ...
- Trabajos en zonas de difícil alcance, por ejemplo, en techos o alturas que precisen elevar los brazos por encima de los hombros.
- Tareas en zonas de difícil acceso, con obstáculos intermedios, que exijan usar posturas forzadas.

3. Características del medio de trabajo.

Las características del medio de trabajo pueden aumentar el riesgo, en particular dorsolumbar, en los casos siguientes:

- cuando el espacio libre, especialmente vertical, resulta insuficiente para el ejercicio de la actividad de que se trate;
- cuando el suelo es irregular y, por tanto, puede dar lugar a tropiezos o bien es resbaladizo para el calzado que lleve el trabajador;
- cuando la situación o el medio de trabajo no permite al trabajador la manipulación manual de cargas a una altura segura y en una postura correcta;
- cuando el suelo o el plano de trabajo presentan desniveles que implican la manipulación de la carga en niveles diferentes;
- cuando el suelo o el punto de apoyo son inestables;
- cuando la temperatura, humedad o circulación del aire son inadecuadas;
- cuando la iluminación no sea adecuada;
- cuando exista exposición a vibraciones.

4. Exigencias de la actividad.

La actividad puede entrañar riesgo, en particular dorsolumbar, cuando implique una o varias de las exigencias siguientes:

- esfuerzos físicos demasiado frecuentes o prolongados en los que intervenga en particular la columna vertebral;
- período insuficiente de reposo fisiológico o de recuperación;
- distancias demasiado grandes de elevación, descenso o transporte;
- ritmo impuesto por un proceso que el trabajador no pueda modular.

---

[3] Según lo indicado en el documento del INSST: "Métodos de evaluación de riesgos derivados de la manipulación manual de cargas"

5. Factores individuales de riesgo.

Constituyen factores individuales de riesgo:
- la falta de aptitud física para realizar las tareas en cuestión;
- la inadecuación de las ropas, el calzado u otros efectos personales que lleve el trabajador;
- la insuficiencia o inadaptación de los conocimientos o de la formación;
- la existencia previa de patología dorsolumbar.

La Guía Técnica indica cuales pueden ser las posibles lesiones derivadas de la manipulación manual de cargas así como el alcance de estas lesiones, tal y como se transcribe a continuación.

La manipulación manual de cargas es responsable, en muchos casos, de la aparición de fatiga física, o bien de lesiones, que se pueden producir de una forma inmediata o por la acumulación de pequeños traumatismos aparentemente sin importancia. Pueden lesionarse tanto los trabajadores que manipulan cargas regularmente como los trabajadores ocasionales.

Las lesiones más frecuentes son entre otras: contusiones, cortes, heridas, fracturas y sobre todo lesiones músculo-esqueléticas. Se pueden producir en cualquier zona del cuerpo, pero son más sensibles los miembros superiores, y la espalda, **en especial en la zona dorsolumbar**.

Las lesiones dorsolumbares pueden ir desde un lumbago a alteraciones de los discos intervertebrales (hernias discales) o incluso fracturas vertebrales por sobreesfuerzo.

También se pueden producir: lesiones en los miembros superiores (hombros, brazos y manos); quemaduras producidas por encontrase las cargas a altas temperaturas; heridas o arañazos producidos por esquinas demasiado afiladas, astillamientos de la carga, superficies demasiado rugosas, clavos, etc.; contusiones por caídas de la carga debido a superficies resbaladizas (por aceites, grasas u otras sustancias); problemas circulatorios o hernias inguinales, y otros daños producidos por derramamiento de sustancias peligrosas.

Estas lesiones, aunque no son lesiones mortales, pueden tener larga y difícil curación, y en muchos casos requieren un largo período de rehabilitación, originando grandes costes económicos y humanos, ya que el trabajador queda muchas veces incapacitado para realizar su trabajo habitual y su calidad de vida puede quedar deteriorada.

Las lesiones que trata de prevenir el Real Decreto se refieren en especial a las producidas en la espalda, en la zona dorsolumbar, aunque, si se cumplen los requerimientos del mismo, se evitarán incluso algunas de las que puedan producirse en otras partes del cuerpo.

2.4.- Principios generales

En el articulado del RD 487/97 se establecen una serie de principios generales que, resumidamente, son los siguientes:

- Hay que diseñar y organizar el trabajo de forma que la manipulación manual de cargas sea evitada, y sustituida por la manipulación mecánica.
- El empresario debe evaluar el riesgo que puede suponer para los trabajadores esa manipulación manual de cargas.
- Se deben adoptar todas las medidas técnicas y organizativas para reducir el riesgo.
- Debe proporcionarse a los trabajadores la información y la formación adecuadas sobre la forma correcta del manejo de cargas.
- Los trabajadores deben ser consultados y permitirse su participación en la prevención de los riesgos que comporta la manipulación de cargas.
- Se realizará una adecuada vigilancia de la salud de los trabajadores cuando su actividad habitual suponga una manipulación manual de cargas y concurran algunos de los elementos o factores contemplados en el Anexo del RD 487/97.

La Guía Técnica desarrolla estos principios generales aportando algunas recomendaciones técnicas (que se indican en letra *cursiva*), indicándose a continuación algunas de ellas:

1. EVITAR LA MANIPULACIÓN MANUAL DE CARGAS

La primera pregunta que debe plantearse es: **¿Se pueden evitar las tareas que impliquen la manipulación manual de las cargas?**

El empresario está obligado a adoptar las medidas técnicas (como la automatización de los procesos o el empleo de equipos mecánicos) u organizativas necesarias para **evitar** la manipulación manual de las cargas. Si consigue esto, no hace falta realizar una evaluación.

Automatización y mecanización de los procesos

*Lo ideal sería **atajar el problema en la fase del diseño de los puestos de trabajo**, donde es más sencillo evitar o reducir la manipulación manual, **mediante la automatización o mecanización de los procesos de forma que no sea necesaria la intervención del esfuerzo humano**, por ejemplo, mediante:*

***Paletización**: La paletización de las cargas es muy adecuada para transportarlas entre lugares diferentes. Las cargas paletizadas se pueden manipular de forma mecánica por medio de **carretillas elevadoras, mesas regulables para levantamiento, mesas giratorias, cintas transportadoras**, etc.*

Es posible el diseño de instalaciones para formar y transportar de forma automática cargas paletizadas, de forma que se elimine por completo la manipulación manual.

Grúas y carretillas elevadoras*: Hay muchos tipos de carretillas elevadoras que se adaptan a las distintas necesidades y características concretas de la manipulación. Hay carretillas alimentadas por baterías, con motor Diesel, etc. y pueden llevar diferentes dispositivos adaptados, de forma que pueden manipular desde cargas paletizadas hasta bidones, siendo posible incluso que se puedan girar o cambiar de posición para su colocación.*

Sistemas transportadores*: Estos sistemas permiten que las cargas se puedan transportar automáticamente a lo largo del área de trabajo en el mismo nivel o en niveles diferentes. Existen muchos tipos, como vías de rodillos, listones de rodillos, cintas transportadoras, vías de pantógrafo, toboganes (utilizan la ventaja de la fuerza de la gravedad), etc. de forma que puedan adaptarse a las características concretas de cada situación de manipulación.*

Grúas y grúas pórtico*: Que pueden levantar y suspender automáticamente una carga.*

Utilización de equipos mecánicos controlados de forma manual

En casos más sencillos, pueden utilizarse equipos para el manejo mecánico.

Estas ayudas no suelen eliminar totalmente la manipulación manual de cargas, pero la reducen considerablemente. Son en general bastante baratos y versátiles como para adaptarse a las distintas situaciones. Unos requieren el esfuerzo manual para manipularlos, y otros están alimentados por baterías o motores.

A continuación, y a modo de ejemplo, se citan y comentan algunos de ellos:

Carretillas y carros: *Son bastante versátiles y existen diferentes modelos, que cumplen perfectamente la función de transportar las cargas, desde un saco de cemento o una caja pesada hasta bidones. Existen también carritos con tres ruedas que permiten subir o bajar fácilmente por escaleras.*

Mesas elevadoras*: Las hay de varios tipos y permiten subir y bajar las cargas situándolas a la altura idónea sin necesidad de esfuerzo manual.*

Carros de plataforma elevadora*: Combinan las ventajas de los dos anteriores.*

Cajas y estanterías rodantes*: Facilitan y reducen las fuerzas de empuje y tracción.*

Existen otro tipo de ayudas que pueden ser extremadamente sencillas, como los ganchos que sirven para manipular láminas de acero u otro material, las tenazas para grandes tablones o troncos de madera, etc. Todos estos mecanismos ayudan a sujetar más firmemente las cargas y reducen en general la necesidad de agacharse.

Medidas organizativas que pueden evitar la manipulación manual de cargas

El empresario organizará y diseñará el trabajo de forma que sea posible la implantación de equipos mecánicos. Si se analizan las tareas de manipulación, podrá reorganizarse el *diseño del trabajo, por ejemplo, de forma que las cargas se muevan en las direcciones y alturas más favorables, para que sea posible el uso de la automatización o de la mecanización. Mantener la carga a la misma altura durante todo el proceso permite la utilización de cintas transportadoras, o al menos evita que el trabajador deba manipular la carga desde una posición desfavorable.*

Organizar las distintas fases de los procesos, de forma que se sitúen cerca unos de otros, puede eliminar la necesidad de transportar cargas.

Las soluciones no siempre son costosas o complicadas

No todas las soluciones que se pueden adoptar deben ser complicadas y costosas. Muchas veces, utilizar el sentido común puede llevar a soluciones sencillas, efectivas y mucho más económicas que una gran inversión en equipos mecánicos.

Un ejemplo muy sencillo sería colocar un tramo de manguera en un grifo para, de esa forma, no tener que levantar un cubo hasta una pila para llenarlo durante tareas de limpieza.

Atención a los nuevos riesgos

Se debe tener presente que la introducción de las ayudas mecánicas o la automatización de los procesos pueden originar nuevos riesgos, ya que incluso la automatización requerirá de un mantenimiento y reparación de la instalación.

Por tanto, estas ayudas serán adecuadas para la situación concreta de manipulación, compatibles con el resto de los equipos de trabajo y fáciles de manejar. Se establecerá un sistema de mantenimiento periódico eficaz.

De acuerdo con los Artículos 18 y 19 de la Ley de Prevención de Riesgos Laborales, los trabajadores recibirán información sobre los riesgos derivados de la utilización de estos equipos y serán formados en la utilización segura de los mismos.

2. CUANDO LA MANIPULACIÓN MANUAL NO SE PUEDE EVITAR

En ciertas ocasiones, evitar la manipulación de las cargas puede resultar una tarea poco menos que imposible, debido a la dificultad o imposibilidad de implantar equipos mecánicos en determinadas tareas. Incluso a pesar de la introducción de dichos equipos, pueden existir actividades residuales de manipulación manual de cargas.

Evidentemente, antes de que el empresario tome las medidas de organización adecuadas, utilice los medios apropiados o se los proporcione al trabajador, sería necesario evaluar el riesgo para determinar si es o no tolerable.

Una vez efectuada esta evaluación, quedarán muy posiblemente en evidencia los factores más desfavorables que inciden en la existencia de un riesgo no tolerable y las posibles medidas correctoras que se podrían tomar, ya que, dependiendo de las características concretas de cada manipulación, será más conveniente implantar unas medidas que otras. (Al igual que los factores del anexo, las medidas pueden interactuar y tener efectos combinados, de forma que optimicen una situación de riesgo en la que intervienen desfavorablemente varios factores).

A) EVALUAR LOS RIESGOS

En los casos en que la manipulación manual no pueda evitarse, el empresario deberá evaluar los riesgos tomando en consideración los factores indicados en el Anexo del Real Decreto y sus posibles efectos combinados. En la parte 2 de esta Guía se da un Método para evaluar y prevenir los riesgos relativos a la manipulación manual de cargas, que tiene en cuenta los factores del anexo de este Real Decreto y sus posibles efectos combinados.

Revisión de las evaluaciones

Según se establece en el **Artículo 16 de la Ley 31/1997** y en el **Artículo 6 del Real Decreto 39/1997**, las evaluaciones de riesgos se actualizarán cuando cambien las condiciones de trabajo y se revisarán cuando se hayan detectado daños a la salud de los trabajadores o se haya apreciado a través de los controles periódicos, incluidos los relativos a la vigilancia de la salud, que las actividades de prevención pueden ser inadecuadas o insuficientes.

Para ello se tendrán en cuenta los resultados de:

a) La investigación sobre las causas de los daños para la salud que se hayan producido.
b) Las actividades para la reducción de los riesgos.
c) Las actividades para el control de los riesgos.
d) El análisis de la situación epidemiológica según los datos aportados por el sistema de información sanitaria u otras fuentes disponibles.

Sin perjuicio de lo señalado anteriormente, deberán revisarse las evaluaciones con la periodicidad que se acuerde entre la empresa y los representantes de los trabajadores, teniendo en cuenta, en particular, el deterioro por el transcurso del tiempo de los elementos que integran el proceso productivo.

Registro de las evaluaciones

Según se establece en el **Artículo 23 de la Ley 31/1995** y en el **Artículo 7 del Real Decreto 39/1997**, el empresario deberá elaborar y conservar a disposición de la autoridad laboral la evaluación de riesgos que deberá reflejar, para cada puesto de trabajo cuya evaluación ponga de manifiesto la necesidad de tomar alguna medida de prevención, los siguientes datos:

a) La identificación del puesto de trabajo.
b) El riesgo o riesgos existentes y la relación de trabajadores afectados.
c) El resultado de la evaluación y las medidas preventivas procedentes.
d) La referencia de los criterios y procedimientos de evaluación y de los métodos de medición, análisis o ensayo utilizados.

B) REDUCIR LOS RIESGOS QUE ENTRAÑE LA MANIPULACIÓN

Si la manipulación manual no se puede evitar y el resultado de la evaluación es que existe un riesgo no tolerable, el empresario tomará las medidas de organización adecuadas o utilizará los medios apropiados para reducir los riesgos a un nivel tolerable.

Para ello podrá optar por alguna de las siguientes medidas o por varias de ellas combinadas:

- *Utilización de ayudas mecánicas*
- *Reducción o rediseño de la carga*
- *Actuación sobre la organización del trabajo*
- *Mejora del entorno de trabajo*

teniendo en cuenta las capacidades individuales de las personas implicadas.

Como ya se ha comentado anteriormente, la evaluación de los riesgos ayudará a conocer cuáles son los factores que inciden más negativamente y cuáles serían los más fácilmente modificables o cuáles serían las medidas más eficaces a implantar.

2.5.- Método para la evaluación y prevención de riesgos relativos a la manipulación manual de cargas.

2.5.1.- Introducción.

El apartado 3 del Artículo 5 del Real Decreto 39/1997, por el que se aprueba el Reglamento de los Servicios de Prevención, **establece como métodos o criterios de evaluación de riesgos los siguientes:**

Cuando la evaluación exija la realización de mediciones, análisis o ensayos y la normativa no indique o concrete los métodos que deben emplearse, o cuando los criterios de evaluación contemplados en dicha normativa deban ser interpretados o precisados a la luz de otros criterios de carácter técnico, se podrán utilizar, si existen, los métodos o criterios recogidos en:

a) Normas UNE.
b) Guías del Instituto Nacional de Seguridad e Higiene en el Trabajo, del Instituto Nacional de Silicosis y protocolos y guías del Ministerio de Sanidad y Consumo, así como de Instituciones competentes de las Comunidades Autónomas.
c) Normas internacionales.
d) En ausencia de los anteriores, guías de otras entidades de reconocido prestigio en la materia u otros métodos o criterios profesionales descritos documentalmente que proporcionen confianza sobre su resultado y proporcionen un nivel de confianza equivalente.

Por este motivo, y en cumplimiento de la RD 487/97, el INSHT[4] desarrolló esta Guía Técnica **junto con un Método para la evaluación y prevención del riesgo,** que se expondrá a continuación. Específicamente se disponía que en dicha Guía **se considerarán los valores máximos de carga como referencia para una manipulación manual en condiciones adecuadas de seguridad y salud, así como los factores correctores en función de las características individuales, de la carga y de la forma y frecuencia de su manipulación manual.**

Ya que la problemática de la manipulación manual no se centra exclusivamente en el peso de la carga, este método pretende realizar una evaluación desde un punto de vista ergonómico, contemplando los factores debidos a las características de la carga, al esfuerzo físico necesario, a las características del medio de trabajo, a las exigencias de la actividad y a los factores individuales de riesgo.

Este Método tiene presentes los factores del anexo de este RD y propone una metodología que tiene en cuenta sus efectos combinados a la hora de evaluar el riesgo. Para facilitar el proceso de evaluación, se han agrupado de forma diferente, recibiendo el nombre de Factores de análisis.

---

[4] En la actualidad, denominado INSST (Instituto Nacional de Seguridad y Salud en el Trabajo)

El Método permitirá identificar las tareas o situaciones donde exista un riesgo no tolerable, y por tanto deban ser mejoradas o rediseñadas, o bien requieran una valoración más detallada realizada por un experto en Ergonomía.

Este Método está basado en las recomendaciones del Real Decreto 487/1997, en los proyectos de Normas ISO y CEN[5] sobre este mismo tema, así como en los criterios mayoritariamente aceptados por los expertos para la prevención de los riesgos debidos a la manipulación manual de cargas.

A continuación se presenta un extracto del método descrito en esta Guía Técnica.[6]

---

[5] ISO/CD 11228: Ergonomics - Mannual handling - Part 1: Lifting and carrying.
prEN 1005 - 2: Safety of machinery - Human physical performance.
Part 2: Manual handling of machinery and component parts of machinery. (Ambas en fase de proyecto)

[6] Todas las imágenes que figuran sobre este método están tomadas de la propia Guía Técnica.
El texto en *cursiva* corresponde a recomendaciones técnicas.

2.5.1.1.- Aplicación del método.

No todas las situaciones de manipulación manual de cargas pueden entrañar la existencia de riesgos dorsolumbares. **Como criterio general se consideran cargas en sentido estricto aquellas cuyo peso exceda de 3 kg.** y por tanto se podrán evaluar con este Método las tareas donde la carga manipulada exceda de este valor.

Aunque las cargas con un peso menor no parecen susceptibles de generar riesgos dorsolumbares, sí podrían generar otros riesgos, sobre todo cuando se manipulan con mucha frecuencia, como por ejemplo trastornos en los miembros superiores debidos a esfuerzos repetitivos, aunque no son riesgos a tener en consideración concretamente en este Método, que pretende dar respuesta a las disposiciones del Real Decreto 487/1997, es decir, una evaluación de los riesgos, en especial dorsolumbares.

Este Método ha sido diseñado para evaluar los riesgos derivados de las tareas de levantamiento y depósito de cargas en postura "de pie".

¿En qué casos será necesario hacer una evaluación más detallada?

A modo de ejemplo, a continuación, se expone una lista no exhaustiva de situaciones donde es probable que se necesite una evaluación más detallada.

- **Tareas que no se realicen en postura "de pie"** (de rodillas, sentado...).
- **Puestos de trabajo con manipulación manual de cargas "multitareas"**, donde las tareas que se efectúan son muy diferentes unas de otras, variando sustancialmente los pesos de las cargas manipuladas, la posición de las cargas con respecto al cuerpo, las frecuencias con que se manipulan, etc.
- **Aquellas que conlleven un esfuerzo físico adicional importante**, debido a otra tarea diferente a la manipulación manual de cargas.
- **Situaciones poco usuales en general**, que generan dudas a la hora de realizar la evaluación o son difíciles de evaluar en sí mismas.

Este Método es aplicable a la mayoría de las situaciones de manipulación manual de cargas, de forma que es posible realizar una evaluación de manera más o menos sencilla. No trata de recoger todas las situaciones que se puedan presentar, ya que esa circunstancia complicaría el Método y dificultaría en gran medida su aplicabilidad, contrariamente a lo que se pretende.

Por tanto, si al realizar la evaluación aparecen dudas, o existen situaciones que no se encuentran recogidas en el Método, debería realizarse una evaluación más detallada por un experto en Ergonomía.

2.5.1.2.- Contenido e instrucciones para la utilización del método.

El método consta de dos apartados:

FACTORES DE ANÁLISIS

Estos factores están basados en los "factores de riesgo" del **Anexo del Real Decreto 487/1997**, agrupados en forma diferente para facilitar el proceso de evaluación.

Contempla los factores a tener en cuenta para evaluar el riesgo por la manipulación manual de cargas en una tarea, proporcionando indicaciones sobre la posible influencia de cada uno de ellos, y dando sugerencias acerca de las medidas preventivas que se puedan tomar para que no influyan negativamente.

PROCEDIMIENTO PARA LA EVALUACIÓN

Esta parte tiene como finalidad analizar el puesto de trabajo y evaluar el posible riesgo derivado de la manipulación.

Consta de las siguientes fases:

1. **Aplicación del diagrama de decisiones.**
2. **Recogida de datos:** En esta fase se recogen los datos y características concretas de la manipulación en el puesto de trabajo. Para ello se proporciona una ficha que consta de tres partes:
   Datos de la manipulación. (Ficha F_1A).
   Datos ergonómicos. (Ficha F_1B).
   Datos individuales. (Ficha F_1C).

3. **Cálculo del peso aceptable**: Esta ficha permite calcular un peso límite de referencia (**peso aceptable**), que se comparará con el peso real de la carga al realizar la evaluación de la ficha 3.
4. **Evaluación**: Una vez finalizada la fase de recogida de datos, será necesario realizar una evaluación global del posible riesgo, teniendo en cuenta todos los factores de análisis. En la **ficha 3** (F3) "**Evaluación del riesgo**", se proporcionan indicaciones del Método a seguir para realizar tal evaluación.
5. **Medidas correctoras**: Si en la evaluación se detectan riesgos no tolerables, será necesario llevar a cabo acciones correctoras. Para ello se proporciona la **ficha 4** (F_4), "**Medidas correctoras**" para facilitar la anotación de las mismas.

Así mismo, se incluye un ejemplo de aplicación del método para facilitar su comprensión y las fichas de evaluación a tamaño completo para facilitar su reproducción con el fin de poder realizar la evaluación.

2.5.2.- FACTORES DE ANÁLISIS.

Desde el punto de vista preventivo, conforme ordena el Real Decreto 487/1997 de 14 de abril, *la primera medida que debe tratar de implantar el empresario es evitar la manipulación manual de las cargas, mediante la automatización de los procesos o el uso de ayudas mecánicas*.

No hay que olvidar que la introducción de ayudas mecánicas o la automatización de los procesos pueden crear otros riesgos distintos.

*Las ayudas mecánicas serán compatibles con el resto de los equipos de trabajo, serán adecuadas y fáciles de manejar, debiéndose establecer un sistema de mantenimiento periódico eficaz. Se **informará** a los trabajadores sobre los riesgos derivados de la utilización de las ayudas y se les **formará** en la utilización segura de las mismas.*

***Cuando no sea posible evitar la manipulación manual**, se procurará manipular las cargas cerca del tronco, con la espalda derecha, evitando giros e inclinaciones y se realizarán levantamientos suaves y espaciados.*

Lo ideal sería que todos los factores de análisis que a continuación se exponen se encuentren en condiciones favorables.

1. EL PESO DE LA CARGA

El peso de la carga es uno de los principales factores a la hora de evaluar el riesgo en la manipulación manual. ***A efectos prácticos podrían considerarse como cargas los objetos que pesen más de 3 kg** (En las condiciones señaladas en los comentarios al **Artículo 2 "Definición"** del Real Decreto).*

En general

*A modo de indicación general, el **peso máximo que se recomienda no sobrepasar (en condiciones ideales de manipulación** [7] **) es de 25 kg***.

*No obstante, si la población expuesta son mujeres, trabajadores jóvenes o mayores, o si se quiere proteger a la mayoría de la población, **no se deberían manejar cargas superiores a 15 kg***. (Esto supone reducir los 25 kg de referencia multiplicando por un factor de corrección de 0,6).

---

[7] Se entiende como condiciones ideales de manipulación manual a las que incluyen una postura ideal para el manejo (carga cerca del cuerpo, espalda derecha, sin giros ni inclinaciones), una sujeción firme del objeto con una posición neutral de la muñeca, levantamientos suaves y espaciados y condiciones ambientales favorables.

Trabajadores sanos y entrenados

En circunstancias especiales[8], trabajadores sanos y entrenados físicamente podrían manipular cargas de hasta 40 kg, siempre que la tarea se realice de forma esporádica y en condiciones seguras. (Esto supone multiplicar los 25 kg de referencia por un factor de corrección de 1,6). Naturalmente, el porcentaje de población protegida sería mucho menor, aunque los estudios realizados hasta la fecha no determinan concretamente este porcentaje. No se deberían exceder los 40 kg bajo ninguna circunstancia.

Debido a que los puestos de trabajo deberían ser accesibles para toda la población trabajadora, exceder el límite de 25 kg debe ser considerado como una excepción.

TABLA 1
Peso máximo recomendado para una carga en condiciones ideales de mantenimiento

	Peso máximo	Factor corrección	% Población protegida
En general	25 kg	1	85 %
Mayor protección	15 kg	0,6	95 %
Trabajadores entrenados (situaciones aisladas)	40 kg	1,6	Datos no disponibles

Estos son los valores máximos de peso en condiciones ideales; ahora bien, si no se dan estas condiciones ideales, estos límites de peso se reducirán como se verá más adelante.

Cuando se sobrepasen estos valores de peso, se deberán tomar medidas preventivas de forma que el trabajador no manipule las cargas, o que consigan que el peso manipulado sea menor. Entre otras medidas, y dependiendo de la situación concreta, se podrían tomar alguna de las siguientes:

- *Uso de ayudas mecánicas.*
- *Levantamiento de la carga entre dos personas.*
- *Reducción de los pesos de las cargas manipuladas en posible combinación con la reducción de la frecuencia, etc.*

---

[8] Cuando se han realizado todos los esfuerzos posibles para evitar la manipulación manual de cargas, o para reducir los riesgos a los niveles más bajos posibles, podrían existir circunstancias especiales en las cuales el peso a manipular podría exceder de 25 kg. En estos casos, se debe poner especial atención en la **formación** (identificación de los riesgos de la tarea y sus posibles consecuencias, forma de reducirlos, identificación de situaciones peligrosas etc.) y en el **entrenamiento** en técnicas de manipulación de cargas, adecuadas a la situación concreta. En este tipo de tareas se superará la capacidad de levantamiento de muchos trabajadores, por lo que se deberá prestar atención a las capacidades individuales de aquellos que se dediquen a estas tareas.

2. LA POSICIÓN DE LA CARGA CON RESPECTO AL CUERPO

La combinación del peso con otros factores, como la postura, la posición de la carga, etc., va a determinar que estos pesos recomendados estén dentro de un rango admisible o, por el contrario, supongan todavía un riesgo importante para la salud del trabajador.

Un factor fundamental en la aparición de riesgo por manipulación manual de cargas es el alejamiento de las mismas respecto al centro de gravedad del cuerpo. En este alejamiento intervienen dos factores: la distancia horizontal (H) y la distancia vertical (V), que nos darán las "coordenadas" de la situación de la carga. Cuanto más alejada esté la carga del cuerpo, mayores serán las fuerzas compresivas que se generan en la columna vertebral y, por tanto, el riesgo de lesión será mayor.

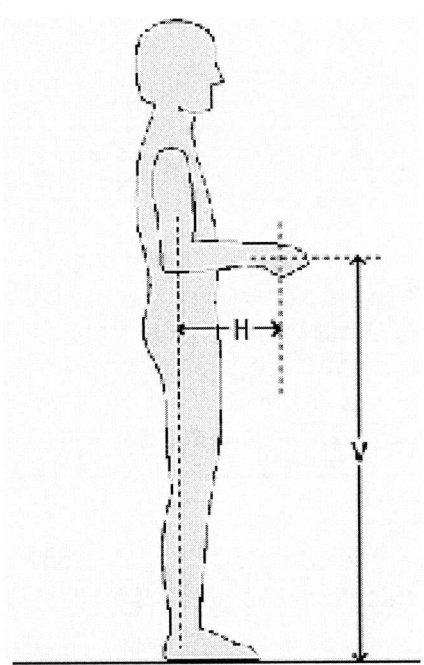

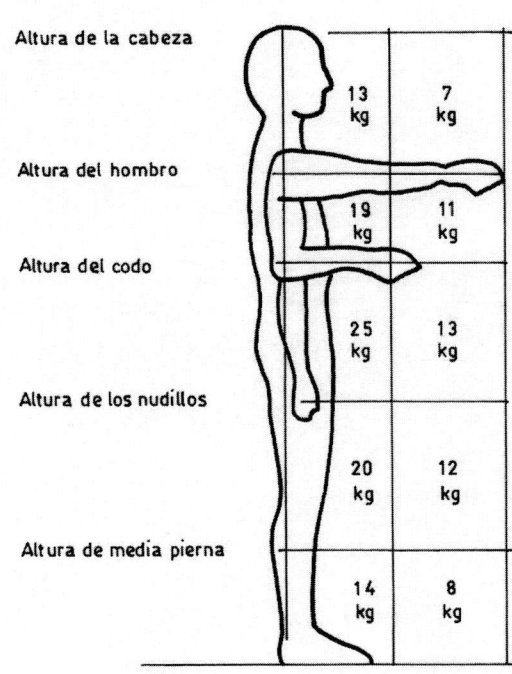

Figura 1 - Distancia horizontal (H) y distancia vertical (V).
H: Distancia entre el punto medio de las manos al punto medio de los tobillos mientras se está en la posición de levantamiento.
V: Distancia desde el suelo al punto en que las manos sujetan el objeto

Figura 2 - Peso teórico recomendado en función de la zona de manipulación

El peso teórico recomendado que se podría manejar en función de la posición de la carga con respecto al cuerpo se indica en la figura 2.

Cuando se manipulen cargas en más de una zona se tendrá en cuenta la más desfavorable, para mayor seguridad. Los saltos de una zona a otra no son bruscos, por

lo que quedará a criterio del evaluador tener en cuenta incluso valores medios cuando la carga se encuentre cercana a la transición de una zona a otra.

El mayor peso teórico recomendado es de 25 kg, que corresponde a la posición de la carga más favorable, es decir, pegada al cuerpo, a una altura comprendida entre los codos y los nudillos.

*Cuando se trate de ofrecer mayor protección, cubriendo a la mayoría de la población (hasta el 95%), el peso teórico recomendado en condiciones ideales de levantamiento debería ser de 15 kg. Si se trata de una manipulación esporádica por parte de trabajadores sanos y entrenados, el peso teórico recomendado en esta situación podría llegar a ser de hasta 40 kg Esto equivaldría a multiplicar los valores de referencia que aparecen en la tabla por los factores de corrección 0,6 y 1,6, respectivamente. (**Ver punto 1: el peso de la carga**).*

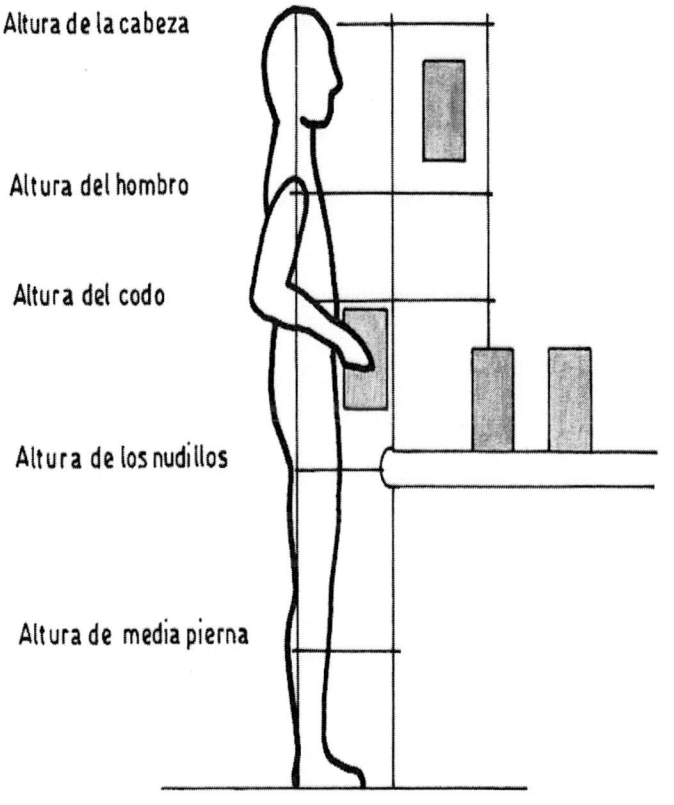

Altura de la cabeza

Altura del hombro

Altura del codo

Altura de los nudillos

Altura de media pierna

Figura 3

Por ejemplo, si un trabajador tiene que manipular una carga que se encuentra en una mesa y la debe colocar en un estante que se encuentra elevado, como se muestra en la **figura 3**.

El peso teórico recomendado sería de 7 kg, puesto que la zona más desfavorable de manipulación está comprendida entre la altura de la cabeza y la altura del hombro del trabajador, y separada del cuerpo.

Si se quiere proteger a la mayoría de la población, el peso teórico recomendado sería: 7 kg x 0,6 = 4,2 kg.

Por el contrario, si es una situación esporádica en la que van a intervenir trabajadores sanos y entrenados se podría tomar como límite recomendado en estas circunstancias el siguiente valor: 7 kg x 1,6 = 11,2 kg.

Si el peso real de la carga es mayor que este peso teórico recomendado, se deberían llevar a cabo acciones correctoras para reducir el riesgo, tales como:

- *Uso de ayudas mecánicas.*
- *Reducción del peso de la carga.*
- *Levantamiento en equipo.*
- *Rediseño de las tareas de forma que sea posible manejar la carga pegada al cuerpo, entre la altura de los codos y la altura de los nudillos.*
- *Utilización de mesas elevadoras que permitan manejar la carga a la altura ya recomendada, etc.*

SITUACIONES ESPECIALES DE MANIPULACIÓN DE CARGAS

- **Manipulación de cargas en postura sentado**

Aunque el Método está diseñado para la evaluación de puestos de trabajo en posición de pie, *a modo de indicación diremos que no se deberían manipular cargas de más de 5 kg en postura sentada, siempre que sea en una zona próxima al tronco, evitando manipular cargas a nivel del suelo o por encima del nivel de los hombros y giros e inclinaciones del tronco*, ya que la capacidad de levantamiento mientras se está sentado es menor que cuando se manejan cargas en posición de pie, debido a que no se puede utilizar la fuerza de las piernas en el levantamiento, el cuerpo no puede servir de contrapeso y por tanto la mayor parte del esfuerzo debe hacerse con los músculos más débiles de los brazos y el tronco. También aumenta el riesgo debido a que la curvatura lumbar está modificada en esta postura.

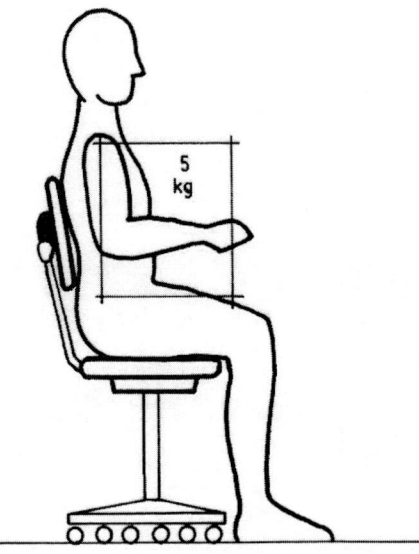

Figura 4 - Peso máximo recomendado en posturas sentadas

- **Manipulación en equipo**

Así mismo, cuando se maneja una carga entre dos o más personas, las capacidades individuales disminuyen, debido a la dificultad de sincronizar los movimientos o por dificultarse la visión unos a otros.

En general, en un equipo de dos personas, la capacidad de levantamiento es dos tercios de la suma de las capacidades individuales. Cuando el equipo es de tres personas, la capacidad de levantamiento del equipo se reduciría a la mitad de la suma de las capacidades individuales teóricas.

3. EL DESPLAZAMIENTO VERTICAL DE LA CARGA

El desplazamiento vertical de una carga es la distancia que recorre la misma desde que se inicia el levantamiento hasta que finaliza la manipulación.

Se producirán grandes desplazamientos de las cargas, por ejemplo, en situaciones de almacenamiento, donde el diseño de las estanterías puede obligar a su manejo a muy diferentes alturas, dando lugar a grandes desplazamientos verticales de las mismas. Además, puede ser necesaria una modificación del agarre, que haga aún más difícil la manipulación.

Si hay desplazamiento vertical de la carga, el peso teórico recomendado que se podría manejar, propuesto en el apartado nº 2**, deberá reducirse multiplicando por el siguiente factor:**

Desplazamiento vertical	Factor corrección
Hasta 25 cm	1
Hasta 50 cm	0,91
Hasta 100 cm	0,87
Hasta 175 cm	0,84
Más de 175 cm	0

El desplazamiento vertical ideal de una carga es de hasta 25 cm; siendo aceptables los desplazamientos comprendidos entre la "altura de los hombros y la altura de media pierna".

Se procurará evitar los desplazamientos que se realicen fuera de estos rangos. No se deberían manejar cargas por encima de 175 cm, que es el límite de alcance para muchas personas.

Siguiendo con el ejemplo de la **figura 3**, si el desplazamiento vertical que ha experimentado la carga es de 50 cm, el valor del peso teórico recomendado se reduciría de la siguiente forma: 7 kg x 0,91 = 6,37 kg.

Si los desplazamientos verticales de las cargas son muy desfavorables, se deberán tomar medidas preventivas que modifiquen favorablemente este factor, como:

- *Utilización de mesas elevadoras.*
- *Organizar las tareas de almacenamiento, de forma que los elementos más pesados se almacenen a la altura más favorable, dejando las zonas superiores e inferiores para los objetos menos pesados, etc.*

4. LOS GIROS DEL TRONCO

Se puede estimar el giro del tronco determinando el ángulo que forman las líneas que unen los talones con la línea de los hombros.

Si se gira el tronco mientras se maneja la carga, los pesos recomendados sugeridos en el apartado nº 2 **se deberán reducir multiplicando por el siguiente factor:**

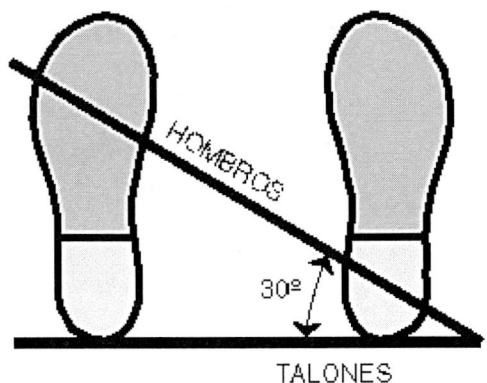

Figura 5 - Giro del tronco 30º

Giro del tronco	Factor de corrección
Poco girado (hasta 30º)	0,9
Girado (hasta 60º)	0,8
Muy girado (90º)	0,7

Siempre que sea posible, se diseñarán las tareas de forma que las cargas se manipulen sin efectuar giros. Los giros del tronco aumentan las fuerzas compresivas en la zona lumbar.

5. LOS AGARRES DE LA CARGA

Si la carga es redonda, lisa, resbaladiza o no tiene agarres adecuados, aumentará el riesgo al no poder sujetarse correctamente.

Al manipular una carga, se pueden dar los siguientes tipos de agarres:

AGARRE BUENO: Si la carga tiene asas u otro tipo de agarres con una forma y tamaño que permita un agarre confortable con toda la mano, permaneciendo la muñeca en una posición neutral, sin desviaciones ni posturas desfavorables.

Figura 6 - Agarre bueno

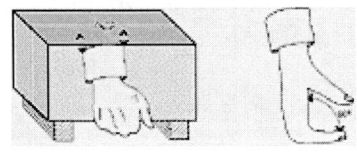

Figura 7 - Agarre regular

AGARRE REGULAR: Si la carga tiene asas o hendiduras no tan óptimas, de forma que no permitan un agarre tan confortable como en el apartado anterior. También se incluyen aquellas cargas sin asas que pueden sujetarse flexionando la mano 90º alrededor de la carga.

AGARRE MALO: Si no se cumplen los requisitos del agarre medio.

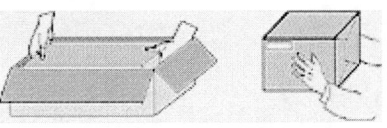

Figura 8 - Agarre malo

Si los agarres no son adecuados, el peso teórico propuesto en el **apartado nº 2** deberá reducirse multiplicando por el siguiente factor:

Tipo de agarre	Factor de corrección
Agarre bueno	1
Agarre regular	0,95
Agarre malo	0,9

Unas asas o agarres adecuados van a hacer posible sostener firmemente el objeto, permitiendo una postura de trabajo correcta.

En general, es preferible que las cargas tengan asas o ranuras en las que se pueda introducir la mano fácilmente, de modo que permitan un agarre correcto, incluso en aquellos casos en que se utilicen guantes.

6. LA FRECUENCIA DE LA MANIPULACIÓN

Una frecuencia elevada en la manipulación manual de las cargas puede producir fatiga física y una mayor probabilidad de sufrir un accidente al ser posible que falle la eficiencia muscular del trabajador.

Dependiendo de la frecuencia de la manipulación, el peso teórico propuesto en el apartado nº 2 **deberá reducirse multiplicando por el siguiente factor de corrección:**

Frecuencia de manipulación	Duración de la manipulación		
	< 1 h/día	>1 h y < 2 h	> 2 h y ≤ 8 h
	Factor de corrección		
1 vez cada 5 minutos	1	0,95	0,85
1 vez/minuto	0,94	0,88	0,75
4 veces/minuto	0,84	0,72	0,45
9 veces/minuto	0,52	0,30	0,00
12 veces/minuto	0,37	0,00	0,00
> 15 veces/minuto	0,00	0,00	0,00

Si se manipulan cargas frecuentemente, el resto del tiempo de trabajo debería dedicarse a actividades menos pesadas y que no impliquen la utilización de los mismos grupos musculares, de forma que sea posible la recuperación física del trabajador.

7. EL TRANSPORTE DE LA CARGA

Los límites de carga acumulada diariamente en un turno de 8 horas, en función de la distancia de transporte, no deben superar los de la siguiente tabla:

Distancia de transporte (metros)	kg/día transportados (máximo)
Hasta 10 m	10.000 kg
Más de 10 m	6.000 kg

Desde el punto de vista preventivo, lo ideal es no transportar la carga una distancia superior a 1 metro.

Los trayectos superiores a los 10 metros supondrán grandes demandas físicas para el trabajador, ya que se producirá un gran gasto metabólico.

8. LA INCLINACIÓN DEL TRONCO

Si el tronco está inclinado mientras se manipula una carga, se generarán unas fuerzas compresivas en la zona lumbar mucho mayores que si el tronco se mantuviera derecho, lo cual aumenta el riesgo de lesión en esa zona. La inclinación puede deberse tanto a una mala técnica de levantamiento como a una falta de espacio, fundamentalmente el vertical.

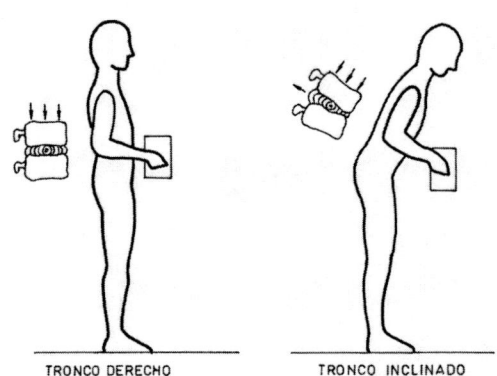

TRONCO DERECHO   TRONCO INCLINADO

La postura correcta al manejar una carga es con la espalda derecha, ya que al estar inclinada aumentan mucho las fuerzas compresivas en la zona lumbar. Se evitará

Figura 9 - Efecto de la carga sobre la columna vertebral

manipular cargas en lugares donde el espacio vertical sea insuficiente.

9. LAS FUERZAS DE EMPUJE Y TRACCIÓN

Independientemente de la intensidad de la fuerza, ésta no se aplicará correctamente si se empuja o tracciona una carga con las manos por debajo de la "**altura de los nudillos**", o por encima del "**nivel de los hombros**" (**ver figura 2**), ya que fuera de estos rangos, el punto de aplicación de las fuerzas será excesivamente alto o bajo.

Si, además, el apoyo de los pies no es firme, podrá aumentar el riesgo de lesión.

A modo de indicación no se deberán superar los siguientes valores:
- Para poner en movimiento o parar una carga: 25 kg ($\simeq$ 250 N)
- Para mantener una carga en movimiento: 10 kg ($\simeq$ 100 N)

10. EL TAMAÑO DE LA CARGA

Una carga demasiado ancha va a obligar a mantener posturas forzadas de los brazos y no va a permitir un buen agarre de la misma. Tampoco será posible levantarla desde el suelo en una postura segura al no ser posible acercarla al cuerpo y mantener la espalda derecha.

Una carga demasiado profunda, aumentará la distancia horizontal, siendo mayores las fuerzas compresivas en la columna vertebral.

Una carga demasiado alta podría entorpecer la visibilidad, existiendo riesgo de tropiezos con objetos que se encuentren en el camino.

Es conveniente que la anchura de la carga no supere la anchura de los hombros (60 cm aproximadamente).

La profundidad de la carga no debería superar los 50 cm, aunque es recomendable que no supere los 35 cm. El riesgo se incrementará si se superan los valores en más de una dimensión y si el objeto no proporciona agarres convenientes.

11. LA SUPERFICIE DE LA CARGA

Las cargas con bordes cortantes o afilados podrán generar un riesgo de lesiones como cortes, rasguños, etc.

Si la carga es resbaladiza (en sí misma o por algún derrame externo), podrá caer de las manos del trabajador, pudiendo éste golpearse.

También los objetos que estén demasiado calientes o demasiado fríos podrían originar un riesgo en su manipulación.

La superficie de la carga no tendrá elementos peligrosos que generen riesgos de lesiones. En caso contrario, se aconseja la utilización de guantes para evitar lesiones en las manos.

12. LA INFORMACIÓN ACERCA DE SU PESO Y SU CENTRO DE GRAVEDAD

Convendría que estas indicaciones estuvieran especificadas en las cargas, porque permitirían tomar precauciones en su manejo al conocer su peso de antemano, y podrían evitar levantamientos peligrosos. En caso de no ser posible, es conveniente al menos que el empresario informe al trabajador de los pesos de las cargas manipuladas y de la situación o características del centro de gravedad de las cargas que manipula, sobre todo cuando pueda moverse (elementos sueltos dentro de una caja, líquidos en un recipiente), o cuando esté desplazado del centro geométrico de la carga.

Cuando sea el caso, se solicitará esta información al fabricante, suministrador o importador de la misma.

12 kg	ATENCIÓN CENTRO DE GRAVEDAD DESCENTRADO

13. EL CENTRO DE GRAVEDAD DE LA CARGA DESCENTRADO O QUE SE PUEDA DESPLAZAR

Si el centro de gravedad de un objeto está desplazado de su centro geométrico, puede suceder que se encuentre muy alejado del centro de gravedad del cuerpo del trabajador, aumentando las fuerzas compresivas que se van a generar en los músculos y articulaciones (sobre todo en la zona lumbar).

La manipulación de líquidos o de otro tipo de cargas con un centro de gravedad que se pueda mover puede incrementar el riesgo de lesión, al producirse fuerzas y tensiones que impedirán un levantamiento equilibrado.

Las cargas deberán tener preferentemente el centro de gravedad fijo y centrado. Si esto no fuera así, siempre que sea posible, se deberá advertir en una etiqueta o informar de ello al trabajador. *Las cargas con el centro de gravedad descentrado se manipularán con el lado más pesado cerca del cuerpo.*

Según la Norma UNE EN 20780 (Embalajes, símbolos gráficos relativos a la manipulación de mercancías), para indicar el centro de gravedad de la carga cuando no es idéntico al centro de gravedad sugerido por la forma del embalaje, se utilizará el símbolo que aparece en la figura 11,

que indica dónde se halla situado el centro de gravedad real, siendo éste el punto de intersección de tres ejes determinados por el emplazamiento de los símbolos. Estos símbolos deben colocarse sobre todas las caras de la carga.

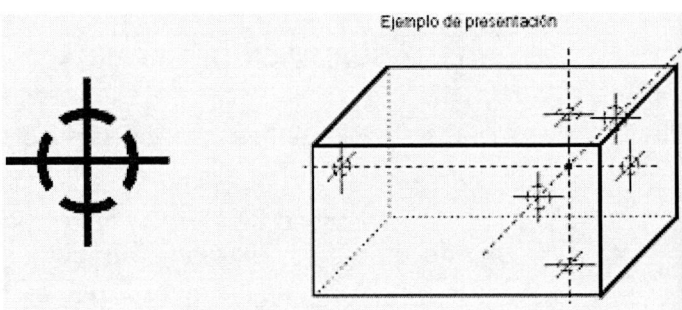

Figura 11 - Señalización del centro de gravedad de una carga

14. LOS MOVIMIENTOS BRUSCOS O INESPERADOS DE LAS CARGAS

Hay cargas que pueden moverse de forma brusca o inesperada como, por ejemplo, los objetos que se encuentran encajonados o atrapados por alguna causa, los cuales pueden liberarse bruscamente al tratar de manipularlos, dando origen a un riesgo de lesión dorsolumbar importante.

Cuando se manejan enfermos o se transportan animales vivos también existirán estos riesgos, ya que pueden realizar movimientos que no se puedan predecir, variando bruscamente su centro de gravedad por esta razón.

El manejo de cargas que puedan moverse bruscamente o de forma inesperada puede aumentar el riesgo de lesión. *Si se manipulan cargas de estas características, se deberá:*

- *Acondicionar la carga de forma que se impidan los movimientos del contenido.*
- *Usar ayudas mecánicas (como las grúas para el transporte de enfermos, por ejemplo).*
- *Utilizar las técnicas de manipulación de enfermos.*
- *Manipular en equipo, etc.*

En los casos de urgente necesidad, en emergencias o rescates de personas, evidentemente primará la rapidez de actuación, por tanto es posible que el uso de ayudas o el esperar a un compañero para que colabore en las tareas de manipulación puede demorar la actuación. Por ello, es importante que los trabajadores que realizan este tipo de tareas estén suficientemente entrenados e informados de los posibles riesgos que puedan producirse.

15. LAS PAUSAS O PERIODOS DE RECUPERACIÓN

Si no hay un descanso suficiente durante las tareas de manipulación manual de cargas, el trabajador no podrá recuperarse de la fatiga, por lo que su rendimiento será menor, y aumentarán las posibilidades de que se produzca una lesión. Si las posturas son muy fijas o forzadas, la fatiga muscular aumentará rápidamente.

Es conveniente que se realicen pausas adecuadas, preferiblemente flexibles, ya que las fijas y obligatorias suelen ser menos efectivas para aliviar la fatiga.

Otra posibilidad es la rotación de tareas, con cambios a actividades que no conlleven gran esfuerzo físico y que no impliquen la utilización de los mismos grupos musculares.

16. EL RITMO IMPUESTO POR EL PROCESO

Si el trabajador debe amoldarse al ritmo del proceso, por ejemplo, en un trabajo en cadena, la fatiga se irá acumulando y podrá aumentar en un espacio de tiempo muy corto.

Para evitar la fatiga, es conveniente que el trabajador pueda regular su ritmo de trabajo, procurando que no esté impuesto por el propio proceso.

17. LA INESTABILIDAD DE LA POSTURA

Si la tarea se realiza en una postura inestable, el riesgo de perder el equilibrio y la posibilidad de que se produzcan tensiones impredecibles en músculos y articulaciones podrá dar lugar a situaciones de riesgo importantes.

Las tareas de manipulación manual de cargas se realizarán preferentemente encima de superficies estables, de forma que no sea fácil perder el equilibrio.

18. LOS SUELOS RESBALADIZOS O DESIGUALES

Un suelo irregular o resbaladizo podrá aumentar las posibilidades de que se produzcan tropiezos o resbalones, impidiendo en general los movimientos suaves y seguros.

Los pavimentos serán regulares, sin discontinuidades que puedan hacer tropezar, y permitirán un buen agarre del calzado, de forma que se eviten los riesgos de resbalones.

19. EL ESPACIO INSUFICIENTE

Se deberán evitar la restricciones de espacio, ya que podrían dar lugar a giros e inclinaciones del tronco que aumentarán considerablemente el riesgo de lesión.

El espacio de trabajo permitirá adoptar una postura de pie cómoda y no impedir una manipulación correcta.

20. LOS DESNIVELES DE LOS SUELOS

Si se deben subir escalones o cuestas cargando cargas, el riesgo de lesión aumentará, ya que se añade complejidad a los movimientos y se crean grandes fuerzas estáticas en los músculos y articulaciones de la espalda.

El **R.D. 486/1997, en su artículo 9.5**, prohibe el transporte y la manipulación de cargas por o desde escaleras de mano cuando su peso o dimensiones puedan comprometer la seguridad del trabajador.

Se evitará manejar cargas subiendo cuestas, escalones o escaleras.

21. LAS CONDICIONES TERMOHIGROMÉTRICAS EXTREMAS

Si durante las tareas de manipulación manual de cargas la temperatura es demasiado cálida, el trabajador podrá llegar mucho antes a un estado de fatiga y si, además, las manos transpiran, el agarre de la carga será menos firme.

Si la temperatura es demasiado baja, se entumecerán los músculos, concretamente los de los brazos y las manos, aumentando el riesgo de lesión debido a ese entumecimiento, se perderá destreza manual y se dificultarán los movimientos.

Se aconseja que la temperatura se mantenga dentro de unos rangos confortables. El Real Decreto 486/1997 sobre lugares de trabajo recomienda que en locales interiores el rango de temperaturas para trabajos ligeros se encuentre entre 14 ºC y 25 ºC. Si la temperatura está fuera de estos rangos de forma significativa, o las tareas de manipulación manual de cargas son pesadas (cargas pesadas, manipulación frecuente o prolongada), deberían realizarse valoraciones más precisas por expertos en la materia para determinar si en esa situación podría existir un riesgo. Para ello, se puede consultar la "Guía Técnica para la evaluación y prevención de los riesgos relativos a la utilización de los lugares de trabajo".

Cuando no sea posible la realización de las tareas dentro de unos rangos de temperatura confortable, se evitará el efecto negativo de las mismas. Si la temperatura es elevada, se establecerán pausas apropiadas para que se produzca un adecuado reposo fisiológico. Cuando las temperaturas sean bajas, el trabajador deberá estar convenientemente abrigado y procurará no hacer movimientos bruscos o violentos antes de haber calentado y desentumecido los músculos.

En los lugares de trabajo al aire libre y en los locales de trabajo que, por la actividad desarrollada, no puedan quedar cerrados, deberán tomarse medidas para que los trabajadores puedan protegerse, en la medida de lo posible, de las inclemencias del tiempo.

El efecto negativo de una temperatura extremada se potenciará si la humedad ambiental lo es también, ya que la fatiga aparecerá más pronto. El Real Decreto 486/1997 **sobre lugares de trabajo, establece unos rangos de humedad relativa entre el 30 y el 70 por 100.**

22. LAS RÁFAGAS DE VIENTO FUERTES

Las corrientes de aire frío pueden enfriar el cuerpo y entumecerlo rápidamente.

En trabajos que se realizan en el exterior, se debe tener en cuenta la posibilidad de que existan vientos fuertes, sobre todo cuando soplan en forma de ráfagas. Por ejemplo, puede ser frecuente en las inmediaciones de edificios, ya que éstos pueden cortar el viento y las cargas se pueden desequilibrar, sobre todo cuando los materiales que se transportan tienen forma laminar o una gran superficie. Esto también puede suceder aunque en menor medida en espacios interiores debido a los sistemas de ventilación.

Las ráfagas de viento pueden aumentar el riesgo sobre todo cuando se manejan cargas laminares o de gran superficie.

Se deberá evitar las corrientes de aire frío en los locales interiores y las ráfagas de viento en el exterior, o se deberá hacer la manipulación más segura, mediante el uso de ayudas mecánicas.

23. LA ILUMINACIÓN DEFICIENTE

La falta de visibilidad en el puesto de trabajo podrá provocar un riesgo de producirse tropiezos o accidentes, al no valorar adecuadamente la posición y la distancia, debido a una deficiente iluminación o a posibles deslumbramientos.

La iluminación deberá ser suficiente, evitándose zonas con elevados contrastes que puedan cegar al trabajador. Las condiciones de iluminación de los locales de trabajo están establecidas en el Real Decreto 486/1997 de 14 de abril. Véase también la Guía Técnica para la evaluación y prevención de los riesgos relativos a la utilización de los lugares de trabajo.

24. LAS VIBRACIONES

Las vibraciones pueden producir molestias, dolores o lesiones en la columna vertebral y otras articulaciones del cuerpo. Si las cargas se manipulan en superficies que estén sometidas a vibraciones, el riesgo para la zona dorsolumbar y otras articulaciones del cuerpo se verá potenciado.

- *Se procurará evitar la manipulación de cargas encima de plataformas, camiones, y todas aquellas superficies susceptibles de producir vibraciones.*
- *Si el trabajador está sometido a vibraciones importantes en alguna tarea a lo largo de su jornada laboral, aunque no coincida con las tareas de manipulación, se deberá tener en cuenta que puede existir un riesgo dorsolumbar añadido.*

25. LOS EQUIPOS DE PROTECCIÓN INDIVIDUAL

Las prendas de protección completas pueden entorpecer en algunos casos los movimientos.

Los equipos de protección individual (gafas, máscaras, etc.), si son muy voluminosos, podrían afectar a una correcta visibilidad.

Unos guantes inadecuados podrán disminuir la destreza manual y afectar la correcta sujeción de las cargas.

También la vestimenta de trabajo puede interferir en la manipulación si lleva bolsillos amplios, cinturones u otros elementos susceptibles de engancharse y provocar un accidente.

Los equipos de protección individual no deberán interferir en la capacidad de realizar movimientos, no impedirán la visión ni disminuirán la destreza manual. Se evitarán los bolsillos, cinturones, u otros elementos fáciles de enganchar. La vestimenta deberá ser cómoda y no ajustada.

26. EL CALZADO

Un calzado inestable (por ejemplo, unos zuecos o unos zapatos de tacón) podrá provocar que el trabajador pueda tropezar durante sus tareas.

Un calzado que no proporcione un adecuado acoplamiento con el pavimento y no tenga una suela suficientemente antideslizante podrá dar lugar a resbalones y caídas del trabajador que incrementarán considerablemente el riesgo de lesión.

El calzado constituirá un soporte adecuado para los pies, será estable, con la suela no deslizante, y proporcionará una protección adecuada del pie contra la caída de objetos.

27. LAS TAREAS PELIGROSAS PARA PERSONAS CON PROBLEMAS DE SALUD

Este apartado se recoge en el **artículo 25 de la Ley de Prevención de Riesgos Laborales**.

También se tiene en cuenta en el Real Decreto 39/1997 de 17 de enero por el que se aprueba el Reglamento de los Servicios de Prevención, que en su **artículo 4** dice que se deberán evaluar los riesgos teniendo en cuenta la posibilidad de que el trabajador sea especialmente sensible por sus características personales o su estado biológico conocido.

Los trabajadores con historial médico de molestias o lesiones de espalda pueden ser propensos a sufrir recaídas y tendrán más facilidad para sufrir lesiones.

28. LAS TAREAS QUE REQUIEREN CAPACIDADES FÍSICAS INUSUALES DEL TRABAJADOR

La capacidad de realizar actividades físicas como las de manejo manual de cargas varían de unas personas a otras. Por ejemplo, las mujeres tienen en conjunto menor capacidad de aplicar fuerza en un levantamiento (aproximadamente 2/3 de la capacidad de los hombres), si bien el rango de fuerzas y capacidades físicas es muy amplio y existen mujeres que son capaces de realizar este tipo de tareas de forma tan segura como los hombres.

También, los trabajadores jóvenes y los mayores de 45 años tienen unas capacidades menores para el levantamiento de cargas o la aplicación de fuerzas en general. En estos casos el límite máximo recomendado sería de 15 kg. Para individuos sanos y entrenados, el límite sería de 40 kg en tareas esporádicas[9].

En cualquier caso, el riesgo será inaceptable y se deberá corregir la situación si las tareas no pueden realizarse sin riesgo para la mayoría de las personas, ya que es prioritario un buen diseño del puesto de trabajo, de la carga y de las tareas, antes que las acciones individuales sobre las personas.

29. LAS TAREAS PELIGROSAS PARA LAS MUJERES EMBARAZADAS

La sobrecarga de peso y el cambio en la curvatura de la columna lumbar para compensarlo que tiene que sobrellevar la futura madre hace que, en muchas ocasiones, la espalda ya esté dolorida incluso sin realizar ningún tipo de esfuerzo adicional. Además, el embarazo causa cambios hormonales que pueden afectar a los ligamentos, aumentando el riesgo de lesiones para la madre. También aumenta la posibilidad de aborto o parto prematuro si se levantan pesos o se realizan movimientos bruscos o ejercicio excesivo.

---

[9] Ver apartados 1 (El peso de la carga) y 2 (La posición de la carga con respecto al cuerpo).

La **Directiva 92/85/CE, "Relativa a la aplicación de medidas para promover la mejora de la seguridad y de la salud en el trabajo de la trabajadora embarazada, que haya dado a luz o en periodo de lactancia"**, cita como actividad que puede producir riesgo de lesiones fetales o provocar riesgo de desprendimiento de la placenta la manipulación manual de cargas pesadas que supongan riesgos en particular dorsolumbares. Así mismo, el **artículo 26 de la Ley 31/1995** de Prevención de Riesgos Laborales de 8 de noviembre, señala que el empresario tomará las medidas necesarias para evitar la exposición a dicho riesgo, a través de una adaptación de las condiciones o del tiempo de trabajo de la trabajadora afectada. Si esta adaptación no resultara posible, o a pesar de tal adaptación las condiciones de un puesto de trabajo pudieran influir negativamente en la salud de la trabajadora embarazada o del feto, y así lo certifique el médico que en el régimen de la Seguridad Social aplicable asista facultativamente a la trabajadora, ésta deberá desempeñar un puesto de trabajo o función diferente y compatible con su estado. En el supuesto de que, aun aplicando las reglas señaladas, no existiese puesto de trabajo o función compatible, la trabajadora podrá ser destinada a un puesto de trabajo no correspondiente a su grupo o categoría equivalente, si bien conservará el derecho al conjunto de retribuciones de su puesto de origen.

Las mujeres que se encuentren en este caso y que manejen cargas habitualmente en su puesto de trabajo deberían preferentemente dejar de manejarlas, realizando durante este tiempo otras actividades más livianas.

Se tendrá un cuidado especial durante el embarazo y hasta tres meses después del parto.

30. LA FORMACIÓN E INFORMACIÓN INSUFICIENTES

Como ya se expuso en los comentarios al Artículo 4 del Real Decreto 487/1997, **el empresario debe impartir a los trabajadores "Programas de entrenamiento" que proporcionen la formación e información adecuadas sobre los riesgos derivados de la manipulación manual de cargas, así como de las medidas de prevención y protección que se deban adoptar en las tareas concretas que se realicen.**

MÉTODO PARA LEVANTAR UNA CARGA

Como norma general, es preferible manipular las cargas cerca del cuerpo, a una altura comprendida entre la altura de los codos y los nudillos, ya que de esta forma disminuye la tensión en la zona lumbar.

Si las cargas que se van a manipular se encuentran en el suelo o cerca del mismo, se utilizarán las técnicas de manejo de cargas que permitan utilizar los músculos de las piernas más que los de la espalda.

Para levantar una carga se pueden seguir los siguientes pasos:
No todas las cargas se pueden manipular siguiendo estas instrucciones. Hay situaciones (como, por ejemplo, manipulación de barriles, manipulación de enfermos, etc. que tienen sus técnicas específicas).

1.- Planificar el levantamiento

- *Utilizar las ayudas mecánicas precisas. Siempre que sea posible se deberán utilizar ayudas mecánicas.*
- *Seguir las indicaciones que aparezcan en el embalaje acerca de los posibles riesgos de la carga, como pueden ser un centro de gravedad inestable, materiales corrosivos, etc.*
- *Si no aparecen indicaciones en el embalaje, observar bien la carga, prestando especial atención a su forma y tamaño, posible peso, zonas de agarre, posibles puntos peligrosos, etc. Probar a alzar primero un lado, ya que no siempre el tamaño de la carga ofrece una idea exacta de su peso real.*
- *Solicitar ayuda de otras personas si el peso de la carga es excesivo o se deben adoptar posturas incómodas durante el levantamiento y no se puede resolver por medio de la utilización de ayudas mecánicas.*
- *Tener prevista la ruta de transporte y el punto de destino final del levantamiento, retirando los materiales que entorpezcan el paso.*
- *Usar la vestimenta, el calzado y los equipos adecuados.*

2.- Colocar los pies

- *Separar los pies para proporcionar una postura estable y equilibrada para el levantamiento, colocando un pie más adelantado que el otro en la dirección del movimiento.*

3.- Adoptar la postura de levantamiento

- *Doblar las piernas manteniendo en todo momento la espalda derecha, y mantener el mentón metido. No flexionar demasiado las rodillas.*
- *No girar el tronco ni adoptar posturas forzadas.*

4.- Agarre firme

- *Sujetar firmemente la carga empleando ambas manos y pegarla al cuerpo. El mejor tipo de agarre sería un agarre en gancho, pero también puede depender de las preferencias individuales, lo importante es que sea seguro. Cuando sea necesario cambiar el agarre, hacerlo suavemente o apoyando la carga, ya que incrementa los riesgos.*

5.- Levantamiento suave

- *Levantarse suavemente, por extensión de las piernas, manteniendo la espalda derecha. No dar tirones a la carga ni moverla de forma rápida o brusca.*

6.- Evitar giros

- *Procurar no efectuar nunca giros, es preferible mover los pies para colocarse en la posición adecuada.*

7.- Carga pegada al cuerpo

- *Mantener la carga pegada al cuerpo durante todo el levantamiento.*

8.- Depositar la carga

- *Si el levantamiento es desde el suelo hasta una altura importante, por ejemplo la altura de los hombros o más, apoyar la carga a medio camino para poder cambiar el agarre.*
- *Depositar la carga y después ajustarla si es necesario.*
- *Realizar levantamientos espaciados.*

2.5.3.- PROCEDIMIENTO PARA LA EVALUACIÓN

Este apartado tiene como finalidad analizar el puesto de trabajo, para evaluar la posible existencia de riesgo debido a la manipulación manual.

Consta de 5 fases:

1- APLICACIÓN DEL DIAGRAMA DE DECISIONES

El Diagrama de decisiones tiene como objetivo servir de guía en la metodología de actuación ante una posible situación de manipulación manual de cargas.

En él se resume el análisis inicial que se debe efectuar, y que puede llevar a dos situaciones: "FIN DEL PROCESO" y "EVALUACIÓN DE LOS RIESGOS".

FIN DEL PROCESO: Se llegará a esta situación si las tareas realizadas **no implican la manipulación de cargas que puedan ocasionar lesiones dorsolumbares** para el trabajador (las cargas menores de 3 kg no se considera que sean capaces de generar riesgos dorsolumbares, aunque podrían generarse riesgos por esfuerzos repetidos, sobre todo en los miembros superiores), si **los procesos pueden automatizarse o mecanizarse**, o si es posible evitar la manipulación manual mediante el uso de **ayudas mecánicas controladas de forma manual**. Este análisis inicial se revisará periódicamente o si cambian las condiciones de trabajo.

EVALUACIÓN DE LOS RIESGOS: Se procederá a realizar una evaluación de los riesgos en aquellas tareas en que exista una manipulación de cargas susceptible de generar riesgos dorsolumbares (mayores de 3 kg). Los instrumentos a emplear para realizarla se comentan en las páginas siguientes.

La evaluación puede conducir a dos situaciones:
Riesgo tolerable: Aquellas tareas en las que no se necesite mejorar la acción preventiva[10]. Se llegaría a "**Fin del proceso**". Sin embargo, se pueden buscar soluciones más rentables o mejoras que no supongan una carga económica importante. Se requieren comprobaciones periódicas para asegurar que se mantiene la eficacia de las medidas de control.
Riesgo no tolerable: Aquellas tareas en las que el resultado de la evaluación sea éste deberán ser modificadas de manera que el riesgo se reduzca a un nivel de "**riesgo tolerable**" al menos, con lo que se llegaría al "**Fin del proceso**".
Evidentemente si las cargas manipuladas manualmente pesan más de 25 kg de 15 kg ó de 40 kg (dependiendo del rango de protección que se esté considerando), existirá seguramente un riesgo debido al peso de las cargas. A pesar de ello, es aconsejable completar las fichas de recogida de datos con vistas a detectar otros posibles factores desfavorables que puede ser conveniente tratar de corregir al rediseñar esas tareas.

---

[10] Siempre que se manipulen cargas podrá existir un determinado nivel de riesgo, aunque sea tolerable, ya que la situación ideal, donde no existen riesgos con toda seguridad, es aquella en la que no se manipulan cargas manualmente.

DIAGRAMA DE DECISIONES

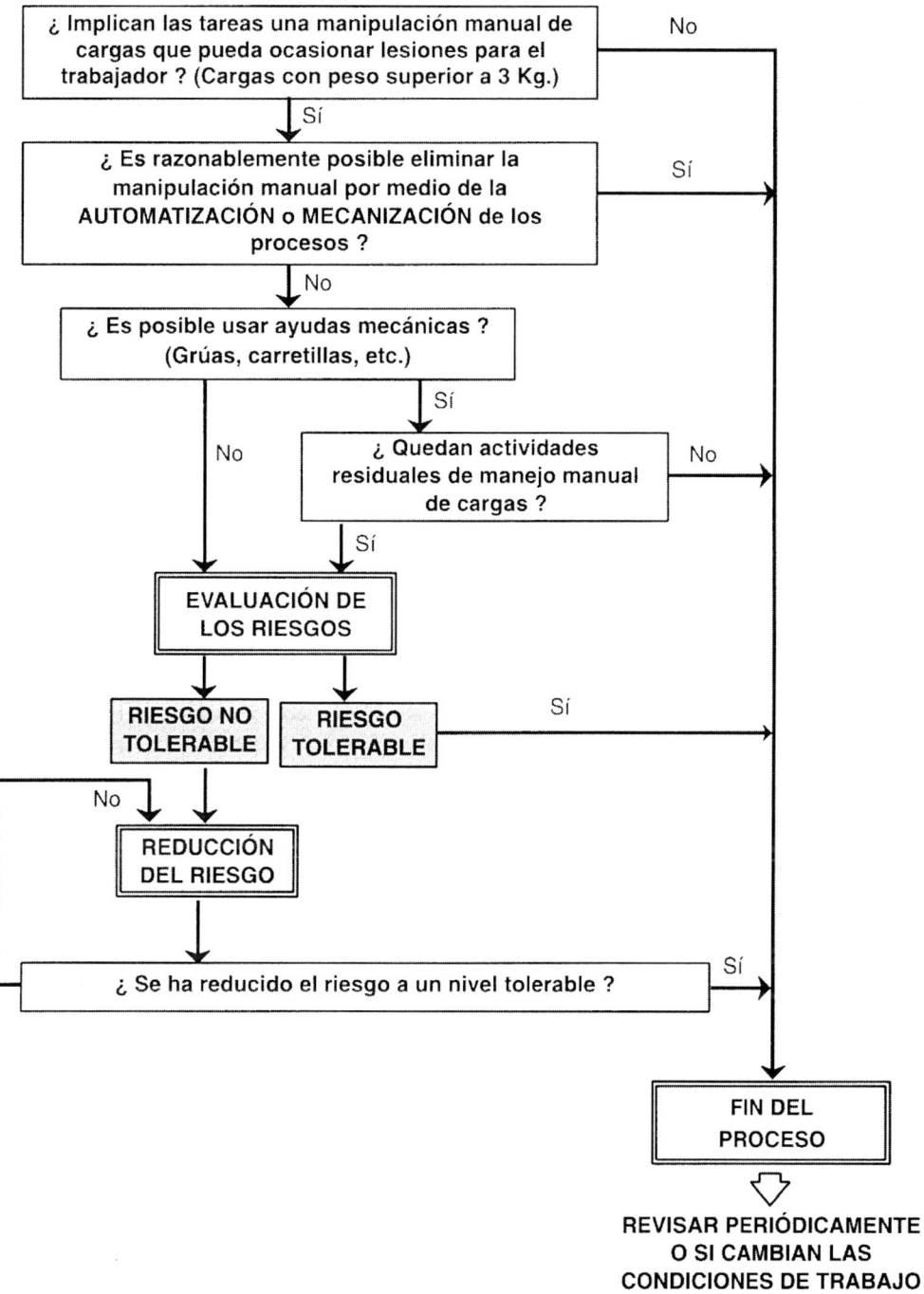

2- RECOGIDA DE DATOS. (Ficha 1)

En esta fase se recogerán los datos necesarios para realizar la evaluación del riesgo en cada tarea. Para ello se cumplimentará en el puesto de trabajo a evaluar la ficha 1 que tiene tres partes:

Datos de la manipulación. (Ficha F_1A)

En ella se recogerán datos cuantificables que serán necesarios para realizar la evaluación.

1) Se anotará el peso real que tiene la carga que se manipula.

2) Se tomarán los datos que permitirán calcular un peso (Peso Aceptable), que servirá como un valor de referencia a comparar con el peso real, y que no se deberá sobrepasar.

Se marcarán las casillas que correspondan a la situación concreta de la manipulación. En caso de duda, se pueden consultar los **puntos 2, 3, 4, 5 y 6** del apartado III.1.2 (Factores de análisis).

3) Se anotará el peso que transporta diariamente el trabajador.

4) Se anotará la distancia recorrida mientras se manipulan las cargas.

Datos ergonómicos. (Ficha F_1B)

Estos datos son en su mayoría subjetivos, siendo muy importante en este caso la opinión de la persona que los toma, la cual deberá haber estudiado previamente cómo pueden influir los diferentes "factores de análisis". La contestación a las preguntas es SI o NO.

Las respuestas afirmativas en estos datos indican que muy probablemente pueda existir un riesgo debido al factor considerado, aunque en estos casos la persona que realiza la evaluación debe considerar si se trata de un riesgo tolerable o no tolerable.

Se pueden consultar los **puntos 8 a 24** del apartado 2.5.2 (Factores de análisis).

Datos individuales. (Ficha F_1C)

En este apartado se recogen factores dependientes del individuo, como pueden ser: lesiones en la espalda o enfermedades importantes; situaciones especiales, como el embarazo de las trabajadoras, que por sus características hagan que no sea aconsejable que manejen cargas. En caso de manejarlas, estas deberán ser sensiblemente inferiores a las que se pueden manejar en situaciones normales.

Se pueden consultar los **puntos 25 a 30** del apartado 2.5.2 (Factores de análisis).

3- CÁLCULO DEL PESO ACEPTABLE. (Ficha 2)

En esta fase se proporciona una ficha para el cálculo del **Peso aceptable** a partir de los datos de campo recogidos en la ficha F_1A (Recogida de datos, datos de la manipulación).

El Peso aceptable es un límite de referencia teórico, de forma que, si el peso real de las cargas transportadas es mayor que este Peso aceptable, muy probablemente se estará ante una situación de riesgo.

Este Peso aceptable se calcula a partir de un peso teórico que dependerá de la zona de manipulación de la carga y que se multiplicará por una serie de factores de corrección que varían entre 0 y 1, en función del desplazamiento vertical, el giro, el tipo de agarre y la frecuencia.

4- EVALUACIÓN DEL RIESGO. (Ficha 3)

En esta fase se procede a la evaluación del riesgo (utilizando los valores obtenidos en las fichas 1 y 2), mediante un diagrama que conduce a dos situaciones: RIESGO TOLERABLE O RIESGO NO TOLERABLE. En este último caso se deberá proseguir con la implantación de medidas preventivas para su eliminación o reducción.

El proceso de evaluación tiene cuatro pasos:

1.- Primer paso: En general, si la carga pesa más de 25 kg, ya se puede pensar que probablemente existirá riesgo.
Para individuos sanos y debidamente entrenados, la carga podrá pesar hasta 40 kg, pero sólo se podrá manejar esporádicamente.
Si se quiere proteger a la mayoría de la población, incluyendo a las mujeres y a los hombres menos fuertes, el peso real no deberá superar los **15 kg**.
2.- Segundo paso: Se compara el **Peso Real** de la carga con el **Peso Aceptable** obtenido en la ficha 2. Si el Peso Real supera el valor del Peso Aceptable, la tarea supone un riesgo no tolerable.
También en este caso se podrá optar por proteger a la mayoría de la población o sólo para individuos entrenados:
  - Mayoría de la población: Multiplicar el Peso Aceptable por 0,6.
  - Trabajadores sanos y entrenados: Multiplicar el Peso Aceptable por 1,6.
3.- Tercer paso: La evaluación puede seguir dos caminos:
       a. Si se transporta la carga una distancia menor de 10 m.
       b. Si se transporta la carga una distancia mayor de 10 m.
Si el peso transportado diariamente supera los valores propuestos (10.000 kg y 6.000 kg, respectivamente), existe un riesgo no tolerable.
4.- Cuarto paso: En este paso se valorará si se superan adecuadamente los demás factores de las fichas F_1A y F_1B (Datos ergonómicos y datos individuales).
5.- Como se comentó anteriormente, las respuestas afirmativas indican que probablemente pueda existir un riesgo debido al factor en cuestión y, por tanto, cuantas más aparezcan, más probable será que el riesgo sea no tolerable.

6.- La persona que realiza la evaluación debe valorar si estas respuestas positivas son susceptibles de generar riesgos inaceptables, llegando a una situación de RIESGO NO TOLERABLE o, por el contrario, no son suficientes para generarlos, con lo que se llegaría a una situación de RIESGO TOLERABLE[11].

5- MEDIDAS CORRECTORAS (Ficha 4)

Si la evaluación final indica que existe un RIESGO NO TOLERABLE por manipulación manual de cargas, se deberá usar esta ficha, previo estudio atento de las fichas anteriores que indican qué factores son los más desfavorables. Posiblemente la actuación sobre algunos factores hará que los restantes puedan desaparecer o reducirse considerablemente, ya que muchos estarán interrelacionados.

Por tanto, se deberán proponer prioritariamente aquel tipo de medidas que más contribuyan a la eliminación o reducción del riesgo, debido a la manipulación manual de cargas, al nivel más bajo que sea razonablemente posible. Entre otras se proponen las siguientes:

- *Utilización de ayudas mecánicas (ya comentado en el artículo 3).*
- *Reducción o rediseño de la carga. (Reduciendo su tamaño, o su peso, o rediseñando la carga, de manera que tenga una forma regular, e incluso dotándola de asas que faciliten el agarre).*
- *Organización del trabajo. (Para ello, se procurará que la manipulación sea más fácil, organizando las tareas de forma que se eviten giros, inclinaciones, estiramientos, empujes, etc. innecesarios).*
  Sería conveniente organizar las operaciones de almacenamiento de forma que los objetos más ligeros se coloquen en los estantes más altos o más bajos, dejando los centrales para los objetos más pesados.
  También podrá, por ejemplo, diseñar periodos de descanso apropiados, de forma que la exposición al riesgo por parte de los trabajadores se reduzca. La rotación de tareas es también muy interesante, ya que reduce la exposición del trabajador (siempre que las restantes tareas no impliquen gran actividad física o los mismos grupos musculares y articulaciones). En cualquier caso, estas soluciones no deben sustituir un buen diseño del puesto de trabajo.
- *Mejora del entorno de trabajo, evitando por ejemplo los desniveles, las escaleras, los espacios constreñidos o insuficientes, las temperaturas extremadas, etc.*
  *Para aclarar estos aspectos, se puede consultar el **apartado 2.5.2** (Factores de análisis) y el apartado 2.5.4. (Ejemplo de aplicación del Método).*

---

[11] RECUERDE: Estos criterios no se deben emplear como recomendaciones exactas. Cuando existan dudas, se deberá realizar una valoración más detallada por parte de un experto en Ergonomía

2.5.4.- EJEMPLO DE APLICACIÓN DEL MÉTODO

Un trabajador sano de 35 años debe recoger paquetes de 12 kg de peso, que llegan por una cinta transportadora situada a la altura de sus caderas, y almacenarlos en unos estantes que se encuentran situados a la altura del pecho del trabajador, como se aprecia en la ilustración. La carga se manipula en todo momento cerca del cuerpo.

Para realizar esta tarea, el trabajador debe girar el tronco 60º con respecto a los talones.

Los paquetes miden 75 x 70 x 70 cm y no tienen asas, pero se pueden sujetar de forma que los dedos formen un ángulo de 90º con la palma de la mano.

La frecuencia de manipulación es de 4 veces por minuto, y la jornada de trabajo es de 8 horas diarias, con una pausa a la mitad de la jornada de ½ hora.

La tarea se lleva a cabo en una nave que no está aclimatada, por lo que la temperatura varía mucho con los cambios de estación. El trabajador no ha sido entrenado en su tarea, no conociendo los riesgos a los que está expuesto, y no ha recibido formación en técnicas de levantamiento.

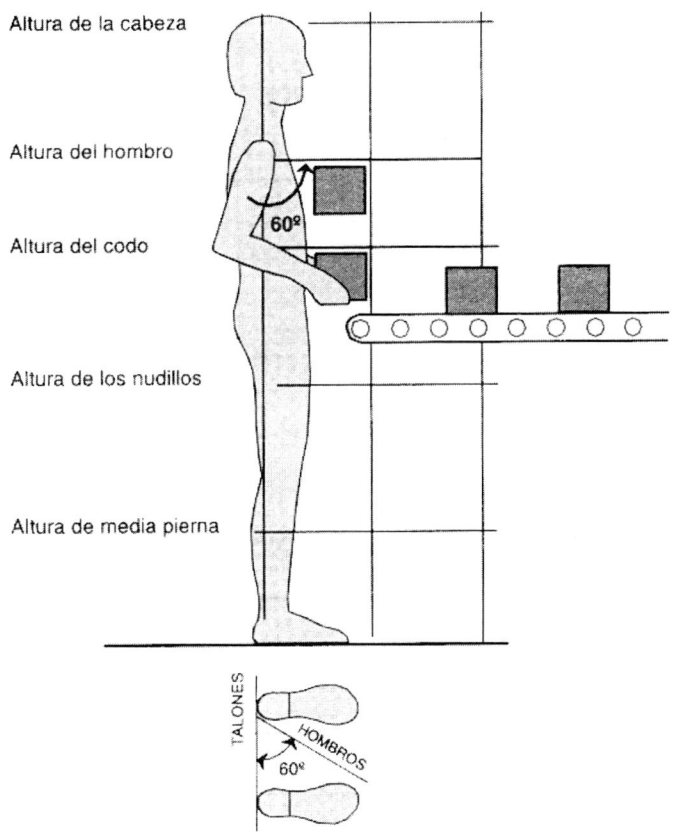

SOLUCIÓN

Se seguirán los pasos del "Diagrama de decisiones", donde se indica el procedimiento a seguir ante situaciones de trabajo en las que exista manipulación manual de cargas. Como primera premisa en este diagrama, se contempla la posibilidad de eliminar los riesgos mediante la automatización de los procesos. Si esto no fuera razonablemente posible, se contemplaría la posibilidad de instalar ayudas mecánicas que eviten la manipulación o al menos la reduzcan. En este caso, habría que formar al trabajador en el uso de esas ayudas y valorar si quedan riesgos residuales por manejo de cargas.

Si no son posibles estas soluciones, se deberán evaluar los riesgos por medio del Método propuesto en esta Guía.

Como primer paso se debe utilizar la ficha 1 (recogida de datos), para plasmar todos los datos que puedan ser útiles para la evaluación.

FICHA 1
RECOGIDA DE DATOS

F1A) DATOS DE LA MANIPULACIÓN

1) PESO REAL DE LA CARGA: Kg. | 12 |

La carga se manipula en dos zonas diferentes, que se corresponden con unos pesos teóricos recomendados de 19 kg y 25 kg. Se escoge la zona más desfavorable (altura de pecho), resultando un peso teórico de 19 kg.

Este es el peso máximo que se podría manejar con la carga en esa posición, siempre que las demás condiciones fueran las ideales.

2) DATOS PARA EL CÁLCULO DEL PESO ACEPTABLE:

2.1 PESO TEÓRICO RECOMENDADO EN FUNCIÓN DE LA ZONA DE MANIPULACIÓN | 19 | Kg.

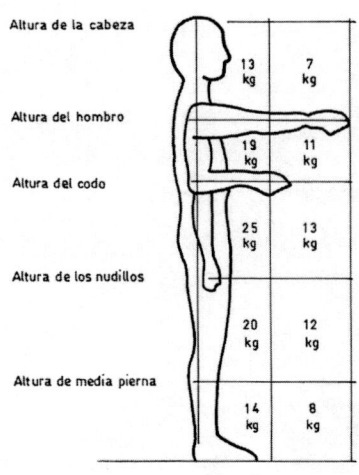

No se sabe exactamente el valor del desplazamiento vertical, pero se puede considerar que está comprendido entre 25 y 50 cm.

2.2 DESPLAZAMIENTO VERTICAL

Desplazamiento vertical	Factor corrección
Hasta 25 cm	1
Hasta 50 cm	0,91
Hasta 100 cm	0,87
Hasta 175 cm	0,84
Más de 175 cm	0

0.91

2.3 GIRO DEL TRONCO

	Factor de corrección
Sin giro	1
Poco girado (hasta 30º)	0,9
Girado (hasta 60º)	0,8
Muy girado (90º)	0,7

0.8

El tipo de agarre es "Agarre regular" ya que, aunque no hay asas o agarres, los paquetes se pueden sujetar flexionando la mano 90º

2.4 TIPO DE AGARRE

	Factor de corrección
Agarre bueno	1
Agarre regular	0,95
Agarre malo	0,9

0.95

2.5   FRECUENCIA DE MANIPULACIÓN

	Duración de la manipulación		
	≤ 1 h/día	>1 h y ≤ 2 h	> 2 h y ≤ 8 h
	Factor de corrección		
1 vez cada 5 minutos	1	0,95	0,85
1 vez / minuto	0,94	0,88	0,75
4 veces / minuto	0,84	0,72	0,45
9 veces / minuto	0,52	0,30	0,00
12 veces / minuto	0,37	0,00	0,00
> 15 veces / minuto	0,00	0,00	0,00

0.45

El trabajo real es de 7 1/2 horas, es decir, 450 minutos diarios de tareas de manipulación manual, que a una frecuencia de 4 levantamientos por minuto, suponen 1.800 levantamientos diarios. Como cada paquete pesa 12 kg, el peso total manipulado diariamente será de 21.600 kg.

3) PESO TOTAL TRANSPORTADO DIARIAMENTE: **21.600**   *Kg.*

4) DISTANCIA DE TRANSPORTE: **0.5**   *m.*

La distancia de transporte no está indicada, pero suponemos que no será superior a 0,5 m a juzgar por los datos que conocemos.

FICHA 1
RECOGIDA DE DATOS

FICHA 1B) DATOS ERGONÓMICOS		
- ¿Se inclina el tronco al manipular la carga?	SÍ	~~NO~~
- ¿Se ejercen fuerzas de empuje o tracción elevadas?	SÍ	~~NO~~
- ¿El tamaño de la carga es mayor de 60 x 50 x 60 cm?	~~SÍ~~	NO
- ¿Puede ser peligrosa la superficie de la carga?	SÍ	~~NO~~
- ¿Se puede desplazar el centro de gravedad?	SÍ	~~NO~~
- ¿Se pueden mover las cargas de forma brusca o inesperada?	SÍ	~~NO~~
- ¿Son insuficientes las pausas?	~~SÍ~~	NO
- ¿Carece el trabajador de autonomía para regular su ritmo de trabajo?	~~SÍ~~	NO
- ¿Se realiza la tarea con el cuerpo en posición inestable?	SÍ	~~NO~~
- ¿Son los suelos irregulares o resbaladizos para el calzado del trabajador?	SÍ	~~NO~~
- ¿Es insuficiente el espacio de trabajo para una manipulación correcta?	SÍ	~~NO~~
- ¿Hay que salvar desniveles del suelo durante la manipulación?	SÍ	~~NO~~
- ¿Se realiza la manipulación en condiciones termohigrométricas extremas?	~~SÍ~~	NO
- ¿Existen corrientes de aire o ráfagas de viento que puedan desequilibrar la carga	SÍ	~~NO~~
- ¿Es deficiente la iluminación para la manipulación?	SÍ	~~NO~~
- ¿Está expuesto el trabajador a vibraciones?		

FICHA 1
RECOGIDA DE DATOS

FICHA 1C) DATOS INDIVIDUALES

- ¿La vestimenta o el equipo de protección individual dificultan la manipulación? .. | SÍ | ☒ NO |

- ¿Es inadecuado el calzado para la manipulación? .... | SÍ | ☒ NO |

- ¿Carece el trabajador de información sobre el peso de la carga? .... | ☒ SÍ | NO |

- ¿Carece el trabajador de información sobre el lado más pesado de la carga o sobre su centro de gravedad (En caso de estar descentrado) ? .... | SÍ | ☒ NO |

- ¿Es el trabajador especialmente sensible al riesgo (mujeres embarazadas, trabajadores con patologías dorsolumbares, etc.)? .... | SÍ | ☒ NO |

- ¿Carece el trabajador de información sobre los riesgos para su salud derivados de la manipulación manual de cargas ? .... | ☒ SÍ | NO |

- ¿Carece el trabajador de entrenamiento para realizar la manipulación con seguridad? .... | ☒ SÍ | NO |

Una vez completada la ficha 1, donde se recogen los datos útiles para la evaluación, se procederá a completar la ficha 2 para el cálculo del peso aceptable.

FICHA 2
CÁLCULO DEL PESO ACEPTABLE

· SELECCIONAR EL PESO TEÓRICO RECOMENDADO

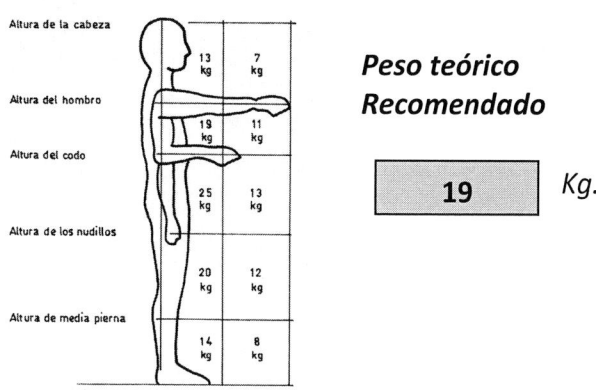

Peso teórico Recomendado

19 Kg.

Este sería el peso máximo que se recomienda para la manipulación de la carga en esa posición, siempre y cuando el resto de los factores fueran satisfactorios.

· CÁLCULO DEL PESO ACEPTABLE

Este peso se calcula multiplicando el PESO TEÓRICO por los factores de reducción que se hayan marcado en los apartados 2.2, 2.3, 2.4 y 2.5, correspondientes al desplazamiento vertical, el giro del tronco, el tipo de agarre y la frecuencia de manipulación, respectivamente.

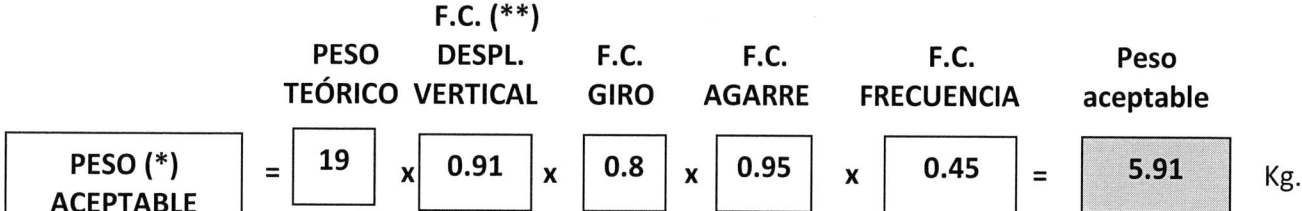

PESO (*) ACEPTABLE	=	PESO TEÓRICO	x	F.C. (**) DESPL. VERTICAL	x	F.C. GIRO	x	F.C. AGARRE	x	F.C. FRECUENCIA	=	Peso aceptable	Kg.
		19		0.91		0.8		0.95		0.45		5.91	

(*) Si se desea proteger al 95% de la población, el peso Aceptable se deberá multiplicar por un factor de corrección nuevo (0,6),   que equivaldría a tener como punto de partida un Peso Teórico máximo de 15 kg en lugar de 25 kg.

Para situaciones esporádicas con trabajadores jóvenes y entrenados, se pueden multiplicar por un factor de corrección de 1,6, equivalente a tener un punto de partida un Peso Teórico máximo de 40 kg, en lugar de 25 kg. Naturalmente, el porcentaje de la población cubierta en este caso sería mucho menor del 85%, aunque no está determinado concretamente el porcentaje.

(**) Factor de corrección

FICHA 3: EVALUACIÓN DEL RIESGO

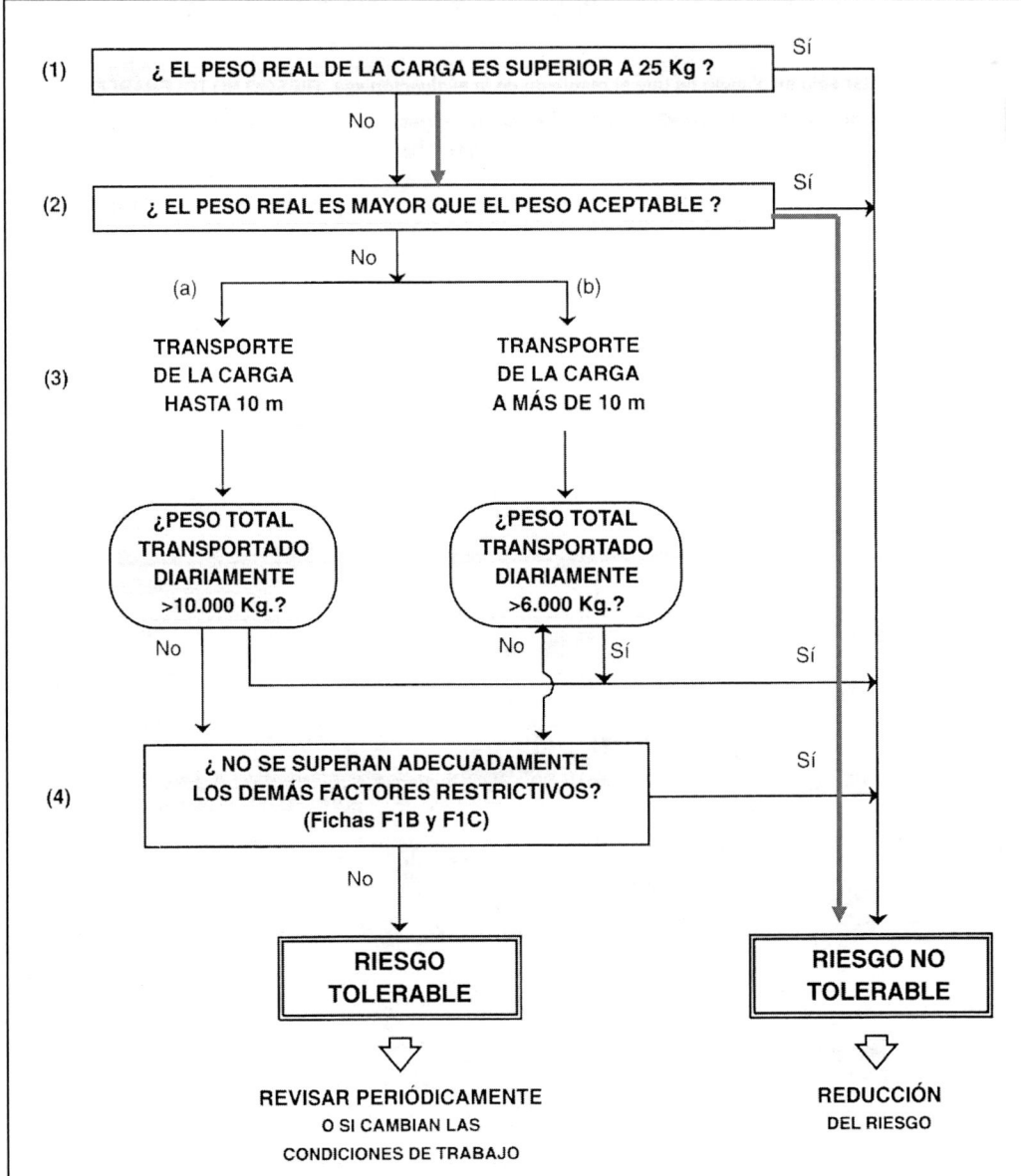

(*) En el caso de haber superado el paso nº 2, se habría llegado a una situación de riesgo no tolerable en el paso nº 3, ya que la carga transportada diariamente (21.600 kg) es muy superior a la recomendada como tope máximo, que son 10.000 kg.

(**) También en el paso nº 4 habría posibles situaciones de riesgo, ya que en la ficha 1B hay factores que no se encuentran en condiciones ideales, como son el tamaño de la carga, el ritmo elevado y las pausas insuficientes, las condiciones ambientales extremas y la falta de formación e información.

POSIBLES MEDIDAS CORRECTORAS

El factor más desfavorable en esta tarea es la elevada frecuencia de manipulación de los paquetes, como se puede observar en la ficha nº 2, ya que el factor de reducción que se aplica para dicha frecuencia es 0,45, que equivaldría a reducir el peso recomendado de la carga a la mitad.

Por esta razón, una posible medida prioritaria sería reducir la frecuencia de manipulación de los paquetes. Si se redujera la frecuencia a 1 vez/minuto, el factor de reducción para la frecuencia sería 0,75 y, por tanto, el peso aceptable sería:

PESO (*) ACEPTABLE	=	PESO TEÓRICO	x	F.C. (**) DESPL. VERTICAL	x	F.C. GIRO	x	F.C. AGARRE	x	F.C. FRECUENCIA	=	Peso aceptable	Kg.
		19	x	0.91	x	0.8	x	0.95	x	0.75	=	9.85	Kg.

Aun después de esta mejora en la situación, se observa que este valor del peso aceptable es menor que el peso real de la carga, por lo que se deberían seguir implantando medidas correctoras.

Hay otro factor que reduce el peso aceptable en un 20%: Se debe a los giros que realiza el trabajador al manejar las cargas. Si se "reestructura" el puesto de trabajo en el sentido de que las estanterías y la cinta transportadora queden situadas de forma que se puedan manipular los paquetes sin efectuar giros, y se instruye al trabajador de manera que sepa que es preferible mover los pies de manera que cambie de posición el conjunto del cuerpo, en vez de efectuar un giro del tronco, el factor de reducción por el concepto de giro sería de 1 y, por tanto, el valor del peso aceptable sería:

PESO (*) ACEPTABLE	=	PESO TEÓRICO	x	F.C. (**) DESPL. VERTICAL	x	F.C. GIRO	x	F.C. AGARRE	x	F.C. FRECUENCIA	=	Peso aceptable	Kg.
		19	x	0.91	x	1	x	0.95	x	0.75	=	13.3	Kg.

En esta nueva situación, el peso aceptable es mayor que el peso real de los paquetes, luego el resultado de la evaluación sería "Riesgo Tolerable", si se superaran los pasos nos 3 y 4.

Ya que se reestructura el puesto, tal vez sería posible situar la estantería a una altura menor, por ejemplo, a la misma altura a que se encuentra situada la cinta transportadora. De esta forma, el peso teórico sería de 25 kg, y el desplazamiento vertical de la carga sería de 25 cm o menor, con lo que el factor de reducción por este concepto sería 1, y el peso aceptable pasaría a ser de 17,8 kg, por lo que el margen de seguridad en la manipulación de las cargas aumentaría sensiblemente.

En esta nueva situación, el paso nº 3 se superaría también, ya que el peso total transportado diariamente sería de 5.400 kg, cifra bastante inferior a los 10.000 kg.

También se debe tener en cuenta que existen una serie de factores ergonómicos contemplados en el paso nº 4, que no se encuentran en óptimas condiciones:

El tamaño de los paquetes es excesivo (se estudiará la posibilidad de reducirlos al menos a 60 x 60 x 50 cm).

La temperatura puede ser muy alta en verano y demasiado fría en invierno. Si es posible se instalará un sistema de acondicionamiento ambiental de la nave, de tal forma que el rango de temperaturas se encuentre entre 14 ºC y 25 ºC, y la humedad del aire entre el 30% y el 70%. Si es pertinente, se realizarán las mediciones adecuadas para evaluar el posible riesgo de estrés térmico.

Se deberían intercalar pausas adecuadas a la actividad que se desarrolla, aunque la frecuencia en este supuesto se ha reducido de forma considerable, y por lo tanto la carga de trabajo también se ha reducido sensiblemente.

No todos los factores ergonómicos van a decidir de una forma definitiva que el resultado de la evaluación sea "Riesgo no tolerable", quedará al buen juicio del evaluador el decidir si esos factores pueden influir de tal forma que exista este riesgo no tolerable.

Como ya se ha apuntado anteriormente, éstas serían unas posibles medidas preventivas, pero también se podrían implantar otras, dependiendo de la factibilidad. Por ejemplo podría reducirse el tiempo de manipulación por medio de una rotación de tareas que implique a varios trabajadores, y que hagan que el resto de tiempo se invierta en otro tipo de actividades que no impliquen un esfuerzo físico elevado. Si en este caso se reduce el tiempo de manipulación a una hora diaria, manteniendo incluso la frecuencia de 4 levantamientos/minuto, y si el trabajador no girara el tronco, el peso aceptable sería:

		F.C. (**) DESPL. VERTICAL	F.C. GIRO	F.C. AGARRE	F.C. FRECUENCIA	Peso aceptable
	PESO TEÓRICO					
PESO (*) ACEPTABLE	= 19	x 0.91	x 1	x 0.95	x 0.84	= 13.79 Kg.

Como ya se ha indicado, no existe una única solución; las medidas correctoras que se implanten deberán ser las consideradas a juicio del evaluador, teniendo en cuenta la factibilidad de su implantación, los recursos económicos de la empresa, la productividad, etc. No se debe olvidar que los principios preventivos proponen como primera premisa eliminar la manipulación manual de cargas como la única forma segura de eliminación del riesgo, ya sea por la automatización de los procesos o por el uso de las ayudas mecánicas.

2.5.5.- FICHAS DEL MÉTODO

Ficha 1A: Recogida de datos. Datos de la manipulación

Ficha 1B: Recogida de datos. Datos ergonómicos

Ficha 1C: Recogida de datos. Datos individuales

Ficha 2: Cálculo del peso aceptable

Ficha 3: Evaluación del riesgo

Ficha 4: Medidas correctoras

FICHA 1
RECOGIDA DE DATOS

F1A) DATOS DE LA MANIPULACIÓN

1) PESO REAL DE LA CARGA: [____] Kg.

2) DATOS PARA EL CÁLCULO DEL PESO ACEPTABLE:

2.1 PESO TEÓRICO RECOMENDADO EN FUNCIÓN DE LA ZONA DE MANIPULACIÓN [____] Kg.

Altura de la cabeza — 13 kg / 7 kg
Altura del hombro — 19 kg / 11 kg
Altura del codo — 25 kg / 13 kg
Altura de los nudillos — 20 kg / 12 kg
Altura de media pierna — 14 kg / 8 kg

2.2 DESPLAZAMIENTO VERTICAL

	Factor corrección
Hasta 25 cm	1
Hasta 50 cm	0,91
Hasta 100 cm	0,87
Hasta 175 cm	0,84
Más de 175 cm	0

2.3 GIRO DEL TRONCO

	Factor corrección
Sin giro	1
Poco girado (Hasta 30º)	0,9
Girado (Hasta 60º)	0,8
Muy girado (90º)	0,7

2.4 TIPO DE AGARRE

	Factor corrección
Agarre bueno	1
Agarre regular	0,95
Agarre malo	0,9

2.5 FRECUENCIA DE MANIPULACIÓN

	Duración de la manipulación		
	≤ 1h/día	> 1h y ≤ 2h	> 2h y ≤ 8h
	Factor corrección		
1 vez cada 5 minutos	1	0,95	0,85
1 vez / minuto	0,94	0,88	0,75
4 veces / minuto	0,84	0,72	0,45
9 veces / minuto	0,52	0,30	0,00
12 veces / minuto	0,37	0,00	0,00
> 15 veces / minuto	0,00	0,00	0,00

3) PESO TOTAL TRANSPORTADO DIARIAMENTE [____] Kg

4) DISTANCIA DE TRANSPORTE [____] m

FICHA 1
RECOGIDA DE DATOS

FICHA 1B) DATOS ERGONÓMICOS

- ¿Se inclina el tronco al manipular la carga? .... SÍ   NO

- ¿Se ejercen fuerzas de empuje o tracción elevadas? .... SÍ   NO

- ¿El tamaño de la carga es mayor de 60 x 50 x 60 cm? .... SÍ   NO

- ¿Puede ser peligrosa la superficie de la carga? .... SÍ   NO

- ¿Se puede desplazar el centro de gravedad? .... SÍ   NO

- ¿Se pueden mover las cargas de forma brusca o inesperada? .... SÍ   NO

- ¿Son insuficientes las pausas? .... SÍ   NO

- ¿Carece el trabajador de autonomía para regular su ritmo de trabajo? .... SÍ   NO

- ¿Se realiza la tarea con el cuerpo en posición inestable? .... SÍ   NO

- ¿Son los suelos irregulares o resbaladizos para el calzado del trabajador? .... SÍ   NO

- ¿Es insuficiente el espacio de trabajo para una manipulación correcta? .... SÍ   NO

- ¿Hay que salvar desniveles del suelo durante la manipulación? .... SÍ   NO

- ¿Se realiza la manipulación en condiciones termohigrométricas extremas? .... SÍ   NO

- ¿Existen corrientes de aire o ráfagas de viento que puedan desequilibrar la carga   SÍ   NO

- ¿Es deficiente la iluminación para la manipulación? .... SÍ   NO

- ¿Está expuesto el trabajador a vibraciones? ....

FICHA 1
RECOGIDA DE DATOS

FICHA 1C) DATOS INDIVIDUALES

- ¿La vestimenta o el equipo de protección individual dificultan la manipulación? .. | SÍ | NO |

- ¿Es inadecuado el calzado para la manipulación? .... | SÍ | NO |

- ¿Carece el trabajador de información sobre el peso de la carga? .... | SÍ | NO |

- ¿Carece el trabajador de información sobre el lado más pesado de la carga o sobre su centro de gravedad (En caso de estar descentrado) ? .... | SÍ | NO |

- ¿Es el trabajador especialmente sensible al riesgo (mujeres embarazadas, trabajadores con patologías dorsolumbares, etc.)? .... | SÍ | NO |

- ¿Carece el trabajador de información sobre los riesgos para su salud derivados de la manipulación manual de cargas ? .... | SÍ | NO |

- ¿Carece el trabajador de entrenamiento para realizar la manipulación con seguridad? .... | SÍ | NO |

FICHA 2
CÁLCULO DEL PESO ACEPTABLE

· **SELECCIONAR EL PESO TEÓRICO RECOMENDADO**

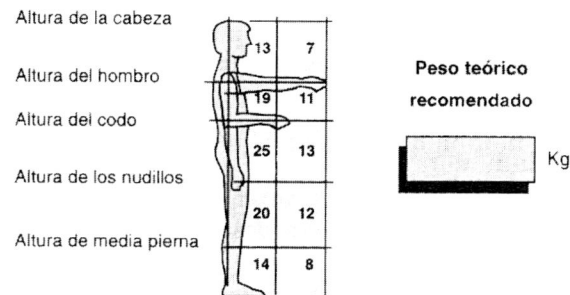

· **CÁLCULO DEL PESO ACEPTABLE**

Este peso se calcula multiplicando el PESO TEÓRICO por los factores de reducción que se hayan marcado en los apartados 2.2, 2.3, 2.4 y 2.5, correspondientes al desplazamiento vertical, el giro del tronco, el tipo de agarre y la frecuencia de manipulación, respectivamente.

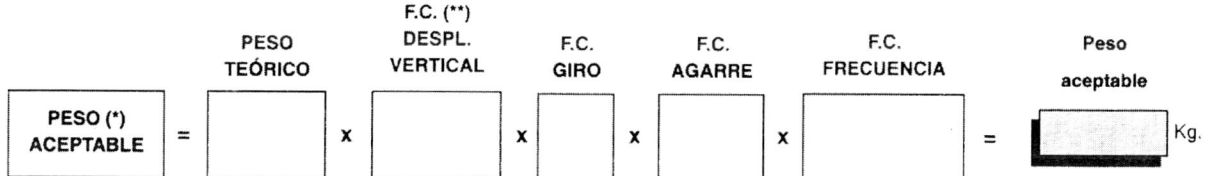

(*)   Si se desea proteger al 95% de la población, el peso Aceptable se deberá multiplicar por un factor de corrección nuevo (0.6), que equivaldría a tener como punto de partida un Peso Teórico máximo de 15 kg, en lugar de 25 kg.

Para situaciones esporádicas, con trabajadores jóvenes y entrenados, se puede multiplicar por un factor de corrección de 1,6, equivalente a tener como punto de partida un Peso Teórico máximo de 40 kg, en lugar de 25 kg. Naturalmente, el porcentaje de la población cubierta en este caso sería mucho menor del 85%, aunque no está determinado concretamente el porcentaje.

(**) Factor de Corrección

FICHA 3
EVALUACIÓN DEL RIESGO

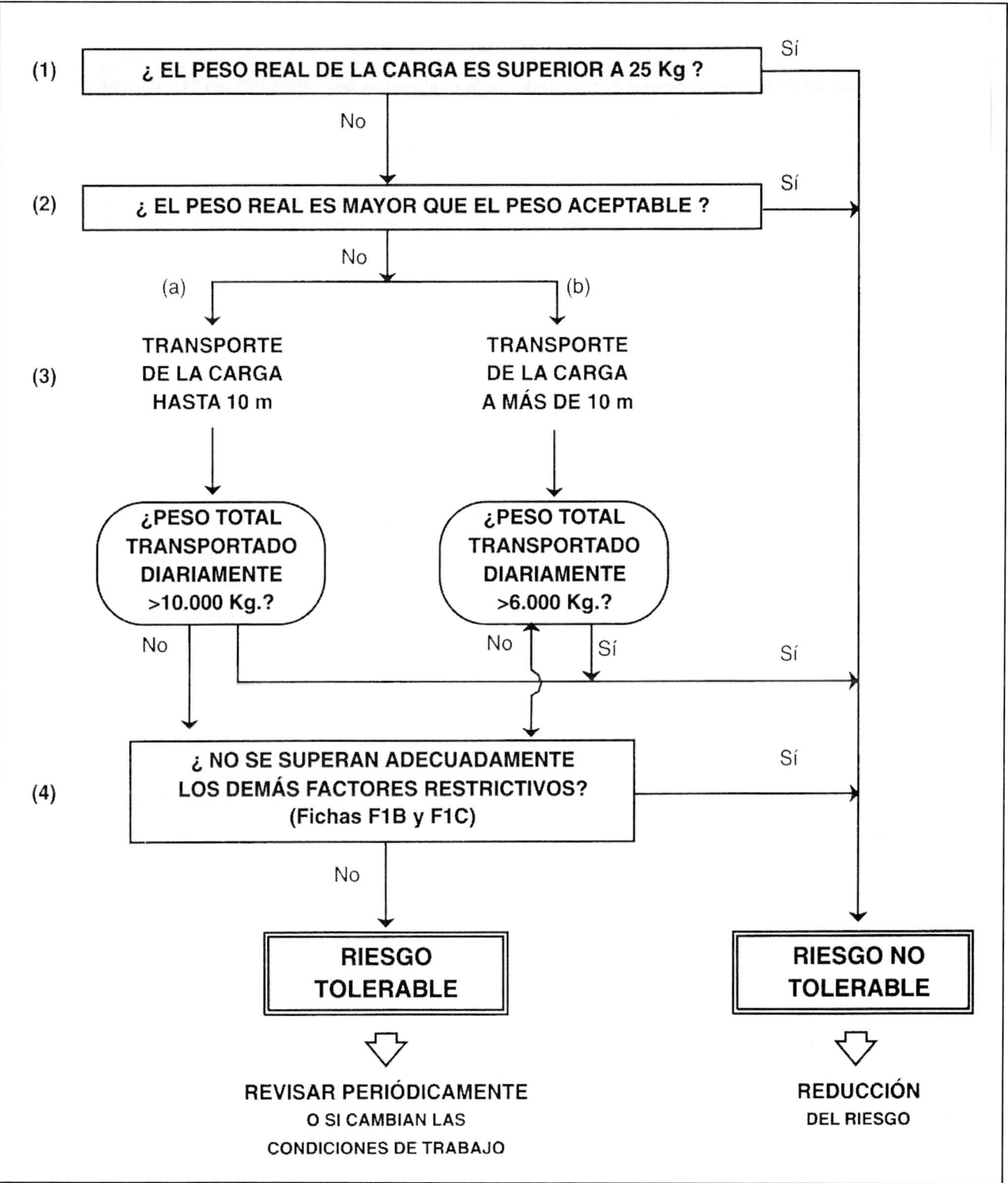

FICHA 4
MEDIDAS CORRECTORAS

Cumplimentar sólo en el caso de que el resultado de la evaluación sea "RIESGO NO TOLERABLE"

1 _____

2_____

3_____

4 _____

5_____

Fecha de la evaluación actual ....

Fecha en que debe realizarse la siguiente evaluación ....

2.6.-Medidas preventivas en construcción

Además de realizar la evaluación de los puestos de trabajo y tener en cuenta todo lo previsto anteriormente, a continuación, se enumeran algunas propuestas de medidas preventivas que podrían ser muy útiles en construcción[12], sobre todo de cara a posibles posturas forzadas del trabajador:

- Siempre que sea posible, eliminar la manipulación manual de cargas utilizando maquinaria específica como, por ejemplo, grúas, poleas, montacargas, plataformas, etc.
- Si no es posible eliminar la manipulación posible, usar medios mecánicos de ayuda para evitar el esfuerzo físico de los trabajadores, como, por ejemplo, transpaletas, carretillas manuales, carros, plataformas, etc.
- Usar equipos de trabajo con diseño ergonómico para facilitar la postura del trabajador, reducir el esfuerzo realizado y facilitar los alcances.
- Proporcionar al trabajador herramientas y útiles de agarre para las cargas a manipular, como, por ejemplo, ganchos, asideros, ventosas, mangos, ... que puedan acoplarse a materiales difíciles de agarrar, de manera que se facilite su levantamiento y transporte.
- Alternar tareas y distribuir adecuadamente los períodos de trabajo y descanso para evitar el estatismo postural, a través de una organización del trabajo que lo permita.
- Establecer períodos de descanso que permitan modificar la postura y la recuperación después de la fatiga. Serían más eficaces las pausas cortas y frecuentes que las pausas largas pero separadas en el tiempo.
- Adaptar la altura del plano de trabajo a la tarea realizada: Siempre que sea posible se procurará trabajar a la altura del codo, con el cuerpo ligeramente inclinado hacia delante. El plano de trabajo se elevará cuando se trate de tareas de precisión y se bajará cuando se realicen trabajos de fuerza, ligeros o moderados (corte con tronzadora), de presión (martillear), o de manipulación de cargas pesadas:
  - Para evitar el trabajo con los brazos levantados se pueden usar andamios o plataformas de trabajo para elevar al trabajador.
  - Para evitar el trabajo en posición agachado o de rodillas, utilizando el suelo como superficie de trabajo (por ejemplo, para tareas auxiliares de corte, preparación de material, manejo de equipos, etc.), se debe procurar elevar los materiales colocándolos en un plano que permita trabajar a la altura de los codos, como pueden ser mesas regulables, caballetes, bancos de trabajo, etc.
- Organizar los almacenamientos de manera que los elementos, sobre todo los más pesados, queden a la altura más favorable (aproximadamente a la altura de la cintura)

---

[12] Teniendo en cuenta lo indicado en el documento del INSST: "Métodos de evaluación de riesgos derivados de la manipulación manual de cargas"

- Organizar y disponer los materiales y equipos de trabajo necesarios próximos a la zona de trabajo para que se eviten desplazamientos innecesarios, se reduzca la distancia de recorrido y la frecuencia en la manipulación.
- Facilitar el trabajo al nivel del suelo, por ejemplo, trabajando sentado cuando sea posible, mediante el uso de taburetes plegables, o utilizando soportes que alivien la presión en la espalda, piernas y/o rodillas (como almohadillas, cuñas, plataformas rodantes, rodilleras, …)
- Mantener condiciones adecuadas de orden y limpieza a través de una correcta organización de los materiales, equipos de trabajo, etc.
- Analizar la carga antes de su manipulación verificando su peso, centro de gravedad, tamaño, zonas de agarre, posibles puntos peligrosos, indicaciones en el embalaje sobre posibles riesgos, etc.
- Evitar la manipulación de cargas excesivas, según lo indicado en el RD 487/97 y desarrollado en la Guía Técnica.
    - o Siempre que sea posible, se dividirá la carga a transportar para reducir el peso de la misma.
    - o Se manejará las cargas entre dos o más trabajadores cuando el objeto sea voluminoso o difícil de agarrar, pesos elevados o cuando sea muy largo y una sola persona no pueda trasladarlo de forma estable.
- Proporcionar a los trabajadores la formación e información necesaria con programas de entrenamiento específicos a sus riesgos, que deberían incluir:
    - o Uso correcto de ayudas mecánicas
    - o Factores presentes en la manipulación y la forma de prevenir los riesgos
    - o Uso correcto de equipos de protección individual que sean necesarios
    - o Técnicas seguras para la manipulación de las cargas
    - o Información sobre el peso y el centro de gravedad (cuando no esté indicado en las propias cargas)
- Verificar el recorrido comprobando que no hay irregularidades u obstáculos que puedan desequilibrar al operario, produciendo esfuerzos o movimientos bruscos.
- Garantizar el derecho de los trabajadores a su vigilancia de su salud cuando su actividad habitual implique una manipulación manual de cargas
- Realizar ejercicios de calentamiento y de estiramiento antes de iniciar la actividad, durante la misma y al finalizar la jornada. Estos ejercicios han de ser lentos y controlados. Si se padece alguna lesión o problema previo, es recomendable consultar previamente con el médico
- Utilizar una técnica correcta de elevación y transporte de la carga, tal y como se ha indicado en apartados anteriores

3.- MANIPULACIÓN MECÁNICA

En este tipo de manipulación, deberemos considerar:

- La maquinaria para elevación de cargas.
- Los accesorios de elevación.

Como quiera que tanto la maquinaria de elevación como los accesorios de elevación han sido objeto de un tratamiento específico dentro de la publicación titulada "Prevención de riesgos laborales. Equipos de trabajo."[13], es por lo que aquí sólo incidiremos en que tanto uno como otro han de ser compatibles, de tal manera que su utilización conjunta no genere nuevas situaciones de peligro.

En cualquier caso, tendremos que respetar las exigencias relativas a los equipos de trabajo utilizados y, así mismo, tener en cuenta las normas de utilización de lo mismos, para lo cual será necesario la correspondiente formación e información de los trabajadores.

4.- BIBLIOGRAFÍA

- Legislación citada en el texto.
- Normas UNE citadas en el texto.
- *"Guía Técnica para la evaluación y prevención de los riesgos relativos a la manipulación manual de cargas"*. INSHT.
- *"Métodos de evaluación de riesgos derivados de la manipulación manual de cargas"*. INSST. 2023
- *"Riesgos ergonómicos en el sector de la construcción: manipulación manual de cargas"*. Fundación Laboral de la Construcción (Vídeo). 2018
- *"Los trastornos musculoesqueléticos en el sector de la construcción"*. Fundación Laboral de la Construcción. 2020

---

[13] Para tener información de esta publicación, accede a esta página web: http://prevencionderiesgos-laborales.blogspot.com.es/search/label/Publicaciones

---

PARTE B: IMPLANTACIÓN DE LA OBRA

ÍNDICE

1.- INFORMACIONES PREVIAS-DECISIONES

Antes de iniciar una obra, será necesario un reconocimiento previo del terreno al objeto de obtener los datos suficientes que permitan el comienzo de los trabajos y sus desarrollos posteriores, de tal manera que los imprevistos queden reducidos al mínimo. En este sentido nos interesa conocer:

La localización de los servicios públicos que puedan afectar a la obra
- conducciones de gas, telefonía, agua, eléctricas, saneamiento, etc.
- alumbrado público
- señalización pública
- acequias
- otros

Puntos posibles para proceder a las acometidas de obra de
- energía eléctrica
- agua
- saneamiento
- teléfono

Características de los viales de acceso y ordenamiento del tráfico existente

Estado de las edificaciones contiguas

Medioambiente a respetar

En función de esos conocimientos, se tomarán las **decisiones** oportunas, como pueden ser:

- desvíos de los servicios que afectan a la obra
- posicionado acometidas
- accesos obra y circulación
- apuntalamientos
- otros

2.- VALLADO, ACCESOS Y SEÑALIZACIONES

Independientemente de que otras disposiciones legales lo puedan exigir, el RD 1627/97 en su artículo 9 punto f, establece que en las obras se adoptarán las medidas necesarias para que sólo las personas autorizadas puedan acceder a la obra.

El anterior requerimiento implica en la mayor parte de los casos, la delimitación física de la obra, recurriendo para ello al VALLADO. Este vallado en muchas ocasiones quedará condicionado a lo que indique la Ordenanza Reguladora de Ocupación de la Vía Pública del Municipio donde se ubique la Obra. De no ser así, se recomienda:

Altura valla ≥ 2 m.
Distancia del vallado al borde de excavación ≥ 1.5 m.

Para permitir el paso a través del vallado establecido, se preverán accesos tanto para vehículos como para las personas. El ancho estricto mínimo necesario para los accesos de vehículos será de 3 m., siendo recomendable de 4 m. o más, y para las personas 1 m.

Siempre que podamos, independizaremos los accesos de los trabajadores de los de los vehículos, condición que intentaremos respetar en las vías de circulación interior de la obra.

Por otro lado, y de acuerdo con el Anexo IV parte A punto 19 a del RD antes citado y el art. 237 del VII Convenio General del Sector de la Construcción, los accesos y el perímetro de la obra deberá señalizarse y destacarse de manera que sean claramente visibles e identificables y que impidan el paso a terceros. Para la señalización se estará a lo dispuesto en el RD 485/97 - SEÑALIZACIÓN, recurriendo al balizamiento luminoso o iluminación del perímetro de la obra cuando las condiciones de emplazamiento lo requieran.

3.- INCIDENCIAS

Se controlará la repercusión de nuestra obra sobre los edificios medianeros y próximos, al objeto de determinar la necesidad o no de medidas complementarias de seguridad. Igualmente, y antes de comenzar los trabajos, se solicitará a las compañías y/o Ayuntamientos, los desvíos oportunos. Dentro de este apartado también debemos considerar las necesidades de corte del tráfico vial para determinadas operaciones.

4.- SERVICIOS Y LOCALES PARA LOS TRABAJADORES

De acuerdo con lo establecido en el Anexo IV parte A del RD 1627/97, y complementado por el *VII Convenio General del Sector de la Construcción*[1], las obras dispondrán de:

Servicios Higiénicos

"15. a) Cuando los trabajadores tengan que llevar ropa especial de trabajo deberán tener a su disposición vestuarios adecuados.

Los vestuarios deberán ser de fácil acceso, tener las dimensiones suficientes y disponer de asientos e instalaciones que permitan a cada trabajador poner a secar, si fuera necesario, su ropa de trabajo.

Los vestuarios estarán dotados de un sistema de climatización que garantice el confort térmico de acuerdo con la normativa (art. 232).

---

[1] En letra cursiva se pone las cuestiones que se introducen diferentes en el VII Convenio en relación a lo indicado en el RD 1627/97.

Cuando las circunstancias lo exijan (por ejemplo sustancias peligrosas, humedad, suciedad), la ropa de trabajo deberá poder guardarse separada de la ropa de calle y de los efectos personales,
contando, para ello, con taquillas de doble compartimentación. (art. 232)

Cuando los vestuarios no sean necesarios, en el sentido del párrafo primero de este apartado, cada trabajador deberá poder disponer de un espacio para colocar su ropa y sus objetos personales bajo llave.

b) Cuando el tipo de actividad o la salubridad lo requieran, se deberán poner a disposición de los trabajadores duchas apropiadas y en número suficiente. → *a razón de uno por cada 10 trabajadores o fracción (art. 232).*

Las duchas deberán tener dimensiones suficientes para permitir que cualquier trabajador se asee sin obstáculos y en adecuadas condiciones de higiene. Las duchas deberán disponer de agua corriente, caliente y fría.

Cuando, con arreglo al párrafo primero de este apartado, no sean necesarias duchas, deberá haber lavabos suficientes y apropiados con agua corriente, caliente si fuere necesario, cerca de los puestos de trabajo y de los vestuarios.

Así mismo se instalarán lavabos, uno por cada 10 trabajadores o fracción que desarrollen actividades simultáneamente en la obra, con agua corriente, caliente, si fuese necesario (art. 232)

Si las duchas o los lavabos y los vestuarios estuvieren separados, la comunicación entre unos y otros deberá ser fácil.

c) Los trabajadores deberán disponer en las proximidades de sus puestos de trabajo, de los locales de descanso, de los vestuarios y de las duchas o lavabos, de locales especiales equipados con un número suficiente de retretes y de lavabos.

Igualmente se instalarán retretes, uno por cada 25 trabajadores o fracción que desarrollen actividades simultáneamente en la obra.(art. 232)

d) Los vestuarios, duchas, lavabos y retretes estarán separados para hombres y mujeres, o deberá preverse una utilización por separado de los mismos."

Con el *Convenio General del Sector de la Construcción* existen muchos menos interrogantes en relación a las dotaciones de los servicios provisionales, pero, para las cuestiones que no se definan, podemos utilizar como criterio de referencia el establecido en la Guía Técnica para la evaluación y prevención de los riesgos relativos a las Obras de Construcción, RD 1627/1997, que establece:

· Vestuarios

superficie	2 m²/T.
Altura mínima	2,50 m.

· Duchas y Lavabos   1/10 T. o fracción
                Dimensiones mínimas de las duchas: 70x70 cm.

· Retretes y lavabos

Hombres	1/25 T. o fracción
Mujeres	1/15 T. o fracción
Lavabos	1/retrete
Espejos	1/lavabo

1 secamanos (de celulosa o eléctrico), portarrollos y papel higiénico, jabonera dosificadora, recipiente recogida de celulosa sanitaria.

Abastecimiento de agua

"19. b) En la obra, los trabajadores deberán disponer de agua potable y, en su caso, de otra bebida apropiada no alcohólica en cantidad suficiente, tanto en los locales que ocupen como cerca de los puestos de trabajo."

El servicio de agua se organizará mediante grifos de agua corriente, máquinas expendedoras gratuitas, fuentes o surtidores de agua o en recipientes limpios en calidad suficiente y en perfectas condiciones de higiene (art. 229).

Comedores

"19. c) Los trabajadores deberán disponer de instalaciones para poder comer y, en su caso, para preparar sus comidas en condiciones de seguridad y salud."

Estas instalaciones se adecuarán al número de trabajadores que vayan a utilizarlas. Las mismas dispondrán de hornos calienta comida, ventilación suficiente, calefacción, y condiciones adecuadas de higiene y limpieza. (art. 233)

La redacción nos permite utilizar soluciones alternativas a la dotación de comedores en obra, estas soluciones pueden ser: restaurantes, casas de comida, o locales próximos al lugar de trabajo.

En el caso que se decidiera establecer un comedor en la obra, la superficie a tener en cuenta sería de 1.5 a 2 m^2 / T.

Locales de descanso o alojamiento

"16. d) .... Dichos locales deberán estar equipados de camas, armarios, mesas y sillas con respaldo acordes al número de trabajadores, y se deberá tener en cuenta, en su caso, para su asignación, la presencia de trabajadores de ambos sexos.

e) En los locales de descanso o de alojamiento deberán tomarse medidas adecuadas de protección para los no fumadores contra las molestias debidas al humo del tabaco."

Primeros auxilios

"14. a) Será responsabilidad del empresario garantizar que los primeros auxilios puedan prestarse en todo momento por personal con la suficiente formación para ello. Asimismo, deberán adoptarse medidas para garantizar la evacuación, a fin de recibir cuidados médicos, de los trabajadores accidentados o afectados por una indisposición repentina.

La empresa establecerá en sus medidas de emergencia los procedimientos relativos a la organización de los primeros auxilios, evacuación y traslado de accidentados. Dichas medidas deben ser conocidas por todas las personas cuya participación se prevea para el desarrollo de las mismas (art. 234).

b) Cuando el tamaño de la obra o el tipo de actividad lo requieran, deberá contarse con uno o varios locales para primeros auxilios.

Cuando el número de los trabajadores en una obra supere los 50 se dispondrá de locales destinados a primeros auxilios y otras posibles atenciones sanitarias.

El caso de ser necesarios locales para primeros auxilios, éstos deberán disponer, como mínimo, de: un botiquín, una camilla, agua potable y de otros materiales en función de la existencia de riesgos específicos. (art. 234)

c) Los locales para primeros auxilios deberán estar dotados de las instalaciones y el material de primeros auxilios indispensables y tener fácil acceso para las camillas. Deberán estar señalizados conforme al Real Decreto sobre señalización de seguridad y salud en el trabajo.

d) En todos los lugares en los que las condiciones de trabajo lo requieran se deberá disponer también de material de primeros auxilios, debidamente señalizado y de fácil acceso.

Una señalización claramente visible deberá indicar la dirección y el número de teléfono del servicio local de urgencia."

Las obras de extensión lineal estarán dotadas de botiquines, al menos portátiles, en los lugares de trabajo más significativos o de elevada concentración de trabajadores.

En todas las obras existirá personal con conocimientos en primeros auxilios.

Además, en todos los centros de trabajo cuyo número de trabajadores sea superior a 250 deberá figurar al frente del botiquín de obras un ayudante técnico sanitario.

Igualmente, se dispondrá, en un lugar visible, información en la que se haga constar el centro sanitario más próximo a la obra así como el recorrido más recomendable para acceder al mismo, y cuantos teléfonos sean necesarios en caso de urgencia. En las obras de carácter lineal esta información estará disponible igualmente en los lugares de trabajo más significativos. (art. 234)

Las dimensiones mínimas de este local de primeros auxilios, en caso de ser necesario, serán de 3 x 2 x 2.5 m.

Por otra parte, el contenido mínimo del botiquín queda establecido en el Anexo I de la Resolución de 27 de agosto de 2008, de la Secretaría de Estado de la Seguridad Social, por la que se dictan instrucciones para la aplicación de la Orden TAS/2947/2007, de 8 de octubre, por la que se establece el suministro a las empresas de botiquines con material de primeros auxilios en caso de accidente de trabajo, como parte de la acción protectora del sistema de la Seguridad Social, que consiste en:

— Botella de agua oxigenada
— Botella de alcohol
— Paquete de algodón arrollado
— Sobres de gasas estériles de 5 unid. 20x20 cm
— Vendas de 5 m x 5 cm
— Vendas de 5 m x 7 cm
— Vendas de 5 m x 10 cm
— Caja de tiritas
— Caja de bandas protectoras de 1 m x 6 cm
— Esparadrapo Hipo Alérgico de 5 m x 2,5 cm
— Esparadrapo Hipo Alérgico de 5 m x 1,25 cm
— Tijera 11 cm cirugía
— Pinza 11 cm disección
— Povidona Yodada
— Suero fisiológico 5 ml
— Venda Crepe 4 m x 5 cm
— Venda Crepe 4 m x 7 cm
— Pares de guantes látex
— Botiquín portátil

Por lo que se refiere a las cantidades, se puede consultar en Anexo antes citado.

En cualquier caso, se revisará periódicamente y se irá reponiendo tan pronto algún elemento caduque o sea utilizado.

En las obras de tipo lineal o de gran superficie, existirán botiquines, al menos portátiles en aquellos tajos más significativos o de elevada concentración de trabajadores.

4.1.- Saneamiento

Por lo que respecta a la evacuación de aguas residuales, tenemos que establecer la oportunidad de conectar con el alcantarillado, recurrir a la ejecución de una instalación de depuración y vertido, o bien la utilización de retretes portátiles químicos[2]. Todo ello dependerá de muchos factores, no habiendo regla general, salvo la de conectar al alcantarillado siempre que ello sea posible.

4.2.- Emplazamiento

Los locales anteriormente citados, se instalarán en zonas limpias, es decir, lo más alejadas posible de las zonas de acopio, talleres, etc.

Quedarán fuera de la zona de influencia de las áreas de barrido del gancho de la grúa torre en situación de trabajo, así como de cualquier otro sistema de elevación.

Su puesta en obra podrá ser mediante obra de fábrica o bien empleando módulos prefabricados. Otra posibilidad, sería alquilar un local próximo a la obra, ubicando en el mismo los locales que nos ocupan

5.- BIBLIOGRAFÍA

- Textos legales citados
- Ponencia General del Grupo de Trabajo Construcción de la CNSST.
- Guía Técnica para la evaluación y prevención de los riesgos relativos a las Obras de Construcción. R.D. 1627/1997.
- http://www.zarca.es/modulos-prefabricados-y-casetas-de-obra
- http://www.consmetal.es/smonoblock.html

---

[2] Para una mayor información sobre estos retretes químicos se puede consultar la UNE-EN 16194:2023.

ANEJO

IMPLANTACIÓN DE LA OBRA

		Referencia 1627/97
Condiciones de entorno		Art. 5
	Información previa	
Instalaciones de suministro y reparto de energía		A.IV-A-3
Otros suministros	**Agua potable y otras bebidas no alcoholicas**	A.IV-A-19.b
Delimitación física de la obra		Art. 9
Vallado		
Accesos		
	Señalización	A.IV-A-19.a
	Vías y salidas de emergencia	A.IV-A-4
	Puertas y portones	A.IV-A-10
Asignación de espacios		Art. 10
	Oficinas	A.IV-B
	Servicios, talleres, parques, tajos	
	Vías de circulación y zonas peligrosas	A.IV-A-11 A.IV-B-8
Servicios sanitarios y comunes		Art. 5
	Servicios higiénicos	A.IV-A-15
	Primeros auxilios	A.IV-A-14
	Comedores	A.IV-A-19.c
	Locales de descanso o de alojamiento	A.IV-A-16
	Mujeres embarazadas y madres lactantes	A.IV-A-17
	Trabajadores minusválidos	A.IV-A-18

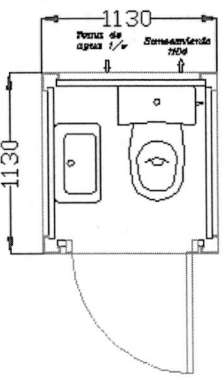

Módulo sanitario

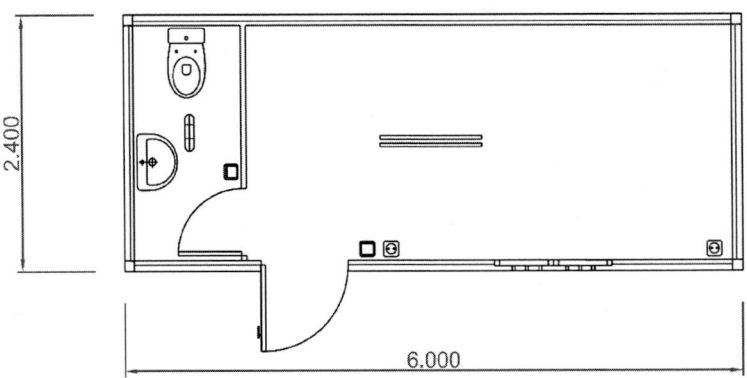

Módulo de oficina + sanitario

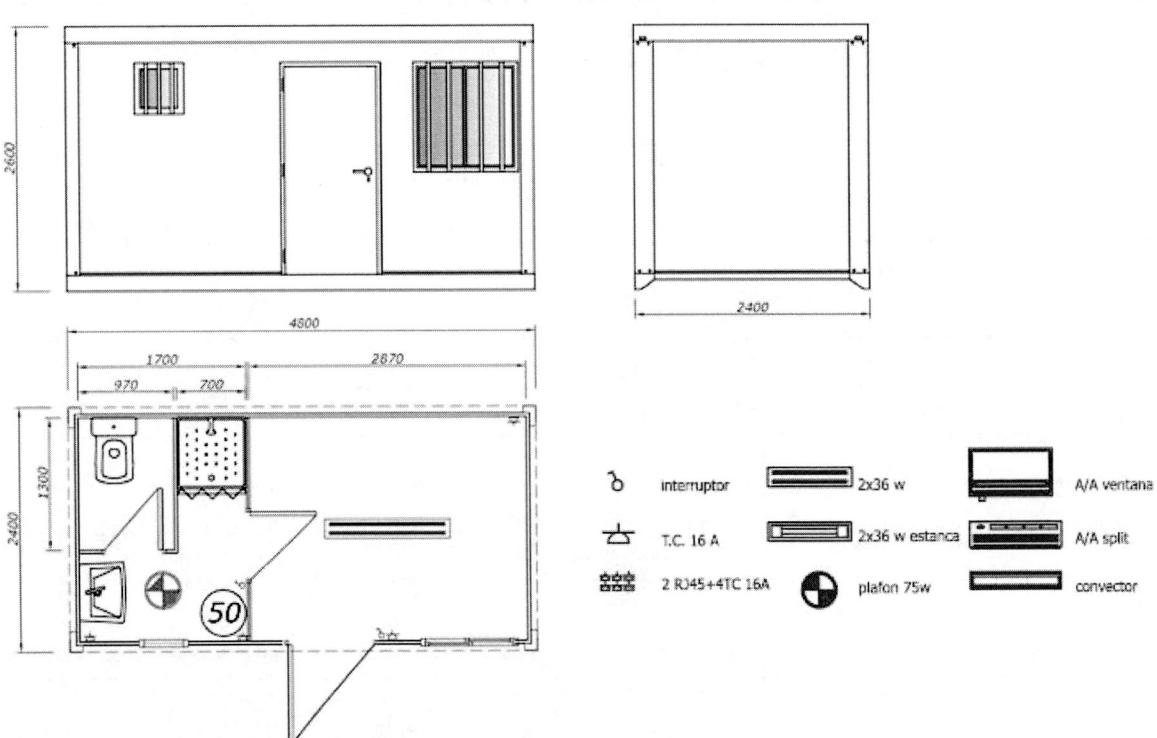

Módulo vestuarios + sanitario

Fuente de las imágenes: http://www.zarca.es/modulos-prefabricados-y-casetas-de-obra y
http://www.consmetal.es/smonoblock.html

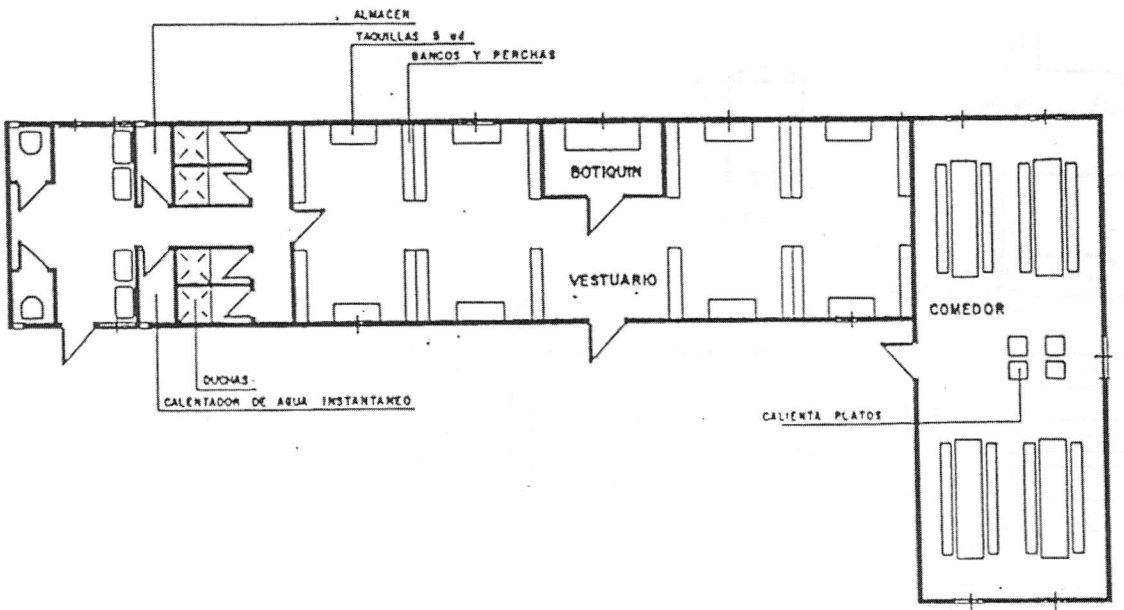

Ejemplo agrupación de módulos

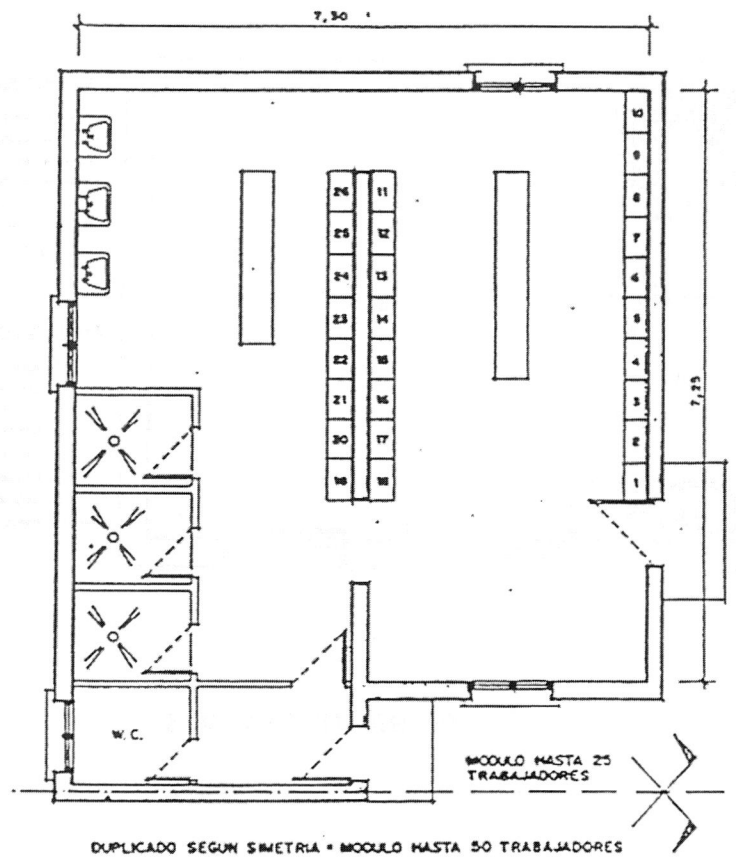

Croquis para vestuarios y sanitarios de obra

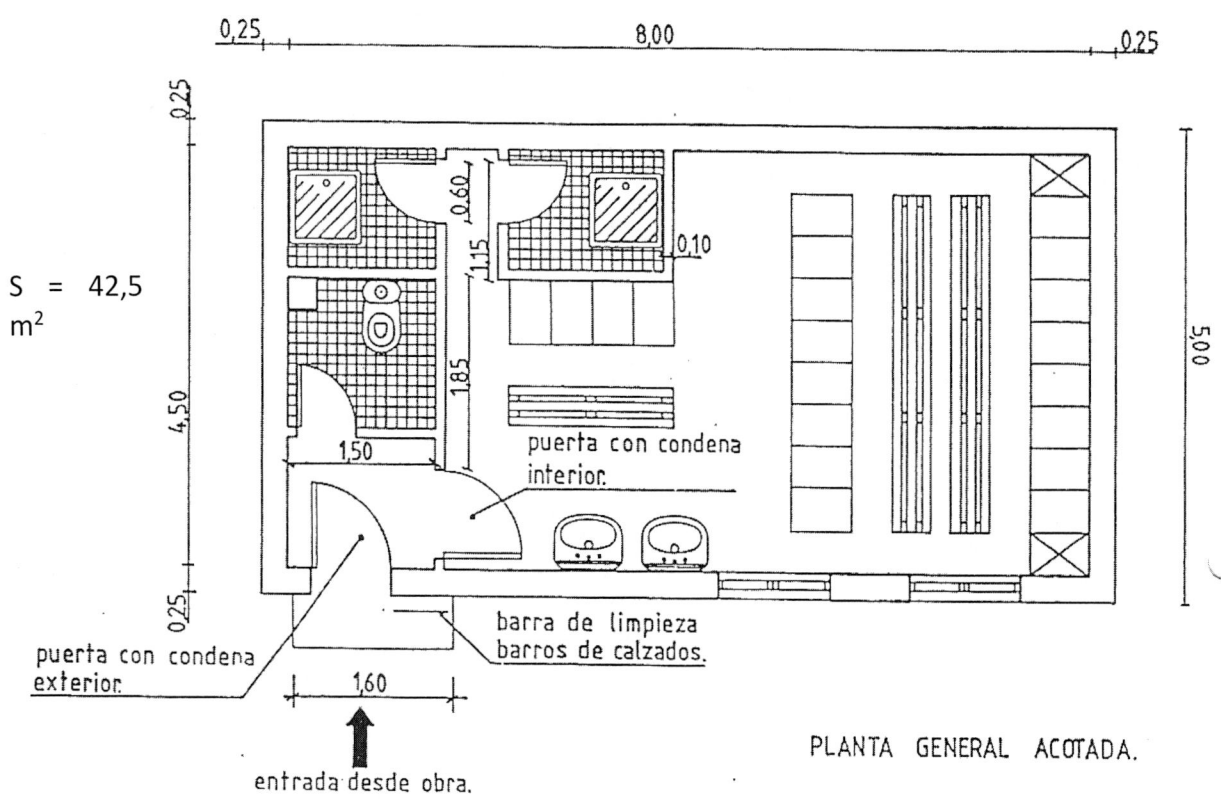

S = 42,5 m²

puerta con condena interior.

barra de limpieza barros de calzados.

puerta con condena exterior.

entrada desde obra.

PLANTA GENERAL ACOTADA.

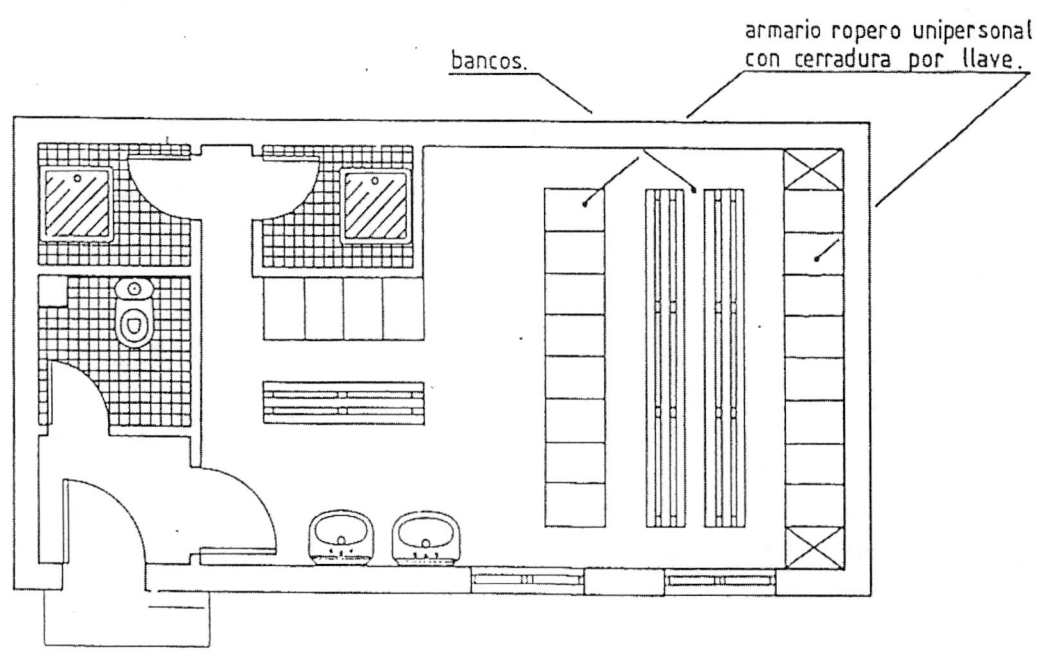

bancos.

armario ropero unipersonal con cerradura por llave.

PLANTA DE DISTRIBUCION.

Vestuarios + sanitarios de obra – para 15 trabajadores

PARTE C: MOVIMIENTO DE TIERRAS

ÍNDICE

1.- DEFINICIÓN

Entenderemos como movimiento de tierras, a los trabajos que se realizan en el terreno para modificar adecuadamente su configuración, prepararlo para la construcción y adaptarlo a su forma definitiva.

2.- CLASIFICACIÓN

Los trabajos antes referidos, los podemos considerar divididos en:

- Extracción de tierras:

Comprende una o varias de las operaciones que a continuación se definen:

DESBROCE Y LIMPIEZA DEL TERRENO: Remoción de la cubierta vegetal, así como de la capa superficial del terreno hasta la profundidad necesaria para eliminar las raíces. Incluye el destoconado.

EXCAVACIONES: Extracción realizada en zonas localizadas del terreno. Por su forma las conoceremos como:

E. en ZANJA: Se efectúa bajo el nivel de la rasante definitiva del terreno, dominando en ella la longitud sobre la anchura y profundidad.

E. en POZO: Predomina en ella la dimensión de profundidad sobre las otras dos.

E. en TRINCHERA: Se realiza por encima de la rasante definitiva del terreno, dominando en ella la dimensión longitud sobre las otras dos.

E. en TÚNEL, MINA o GALERÍA: Se ejecutan subterráneamente.

DESMONTE: Operación que se realiza para retirar las tierras que sobrepasan la rasante definitiva del terreno.

VACIADO: Retirada de tierras comprendidas dentro de un perímetro y por debajo del nivel del suelo.

DRAGADO: Extracción realizada bajo el agua para aumentar el calado de un río, estanque o puerto.

TRANSPORTE: Desplazamiento de las tierras del lugar de extracción a otro.

- Aporte de tierras:

TERRAPLENADO: Acumulación de tierras transportadas a zonas que tienen una cota inferior a la que figura en los planos de proyecto.
La podemos considerar subdividida en:
Extendido: Adaptación de las tierras a la forma deseada para realizar la obra.

Compactación: Consolidación de las tierras vertidas con el fín de garantizar su estabilidad.

Nivelación: Control de la cota de extendido de las tierras.

Control de humedad: Oreo de las tierras demasiado húmedas o riego de las secas, para conseguir el grado óptimo de humedad, que facilita su compactación.

3.- ESTABILIDAD DE TALUDES

Cuando efectuamos una excavación, estamos alterando un sistema en equilibrio. El sistema así perturbado, tiende a moverse para recuperar una nueva posición de equilibrio. Este movimiento estará en función de las características del suelo, así será muy rápido para suelos granulares y mucho más lento para los cohesivos.

Si por otra parte consideramos el empuje activo del terreno, como representativo del desequilibrio introducido por la excavación, tendremos siguiendo las hipótesis de Rankine y para el caso simplificado que exponemos:

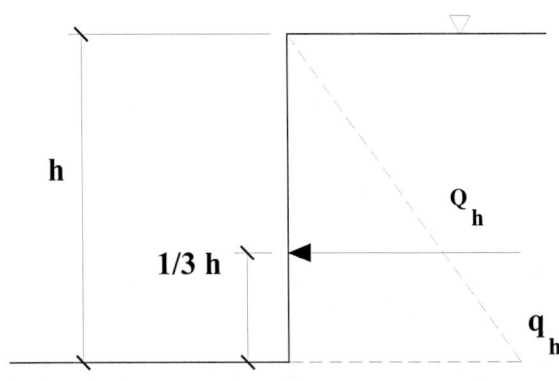

a) Suelos granulares

Empuje unitario:

$$q_h = \gamma \times h \times tag^2\left(\frac{\pi}{4} - \frac{\varphi}{2}\right)$$

Empuje activo:

$$Q_h = \frac{1}{2}\gamma \times h^2 \times tag^2\left(\frac{\pi}{4} - \frac{\varphi}{2}\right)$$

b) Suelos cohesivos

Empuje unitario:

$$q_h = \gamma \times h \times tag^2\left(\frac{\pi}{4} - \frac{\varphi}{2}\right) - 2c \times tag\left(\frac{\pi}{4} - \frac{\varphi}{2}\right)$$

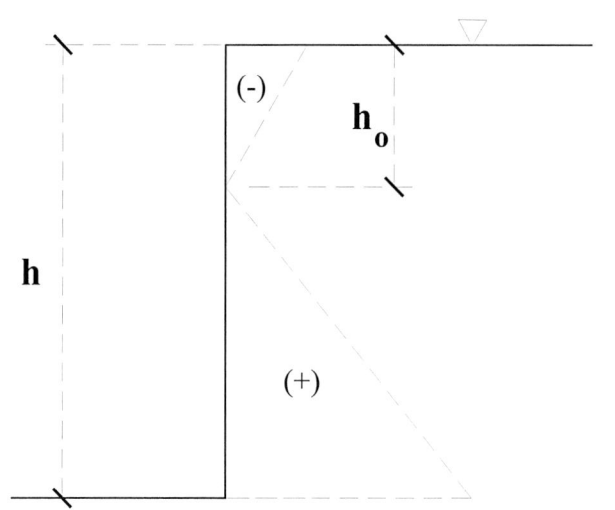

Empuje activo:

$$Q_h = \frac{1}{2}\gamma \times h^2 \times tag^2\left(\frac{\pi}{4}-\frac{\varphi}{2}\right) - 2c \times h \times tag\left(\frac{\pi}{4}-\frac{\varphi}{2}\right) + \frac{2c^2}{\gamma}$$

$$q_h = 0 \rightarrow h_0 = \frac{2c}{\gamma} \times tag\left(\frac{\pi}{4}+\frac{\varphi}{2}\right)$$

donde:
h= altura del terreno en m
φ= ángulo de rozamiento interno.
c= cohesión del terreno en T/m²
γ= peso específico del suelo en T/m³

Estableciendo las correspondientes ecuaciones de equilibrio, podemos determinar la ALTURA CRÍTICA DE UN SUELO COHESIVO, entendida como el valor que delimita los valores estables de la misma de los inestables:

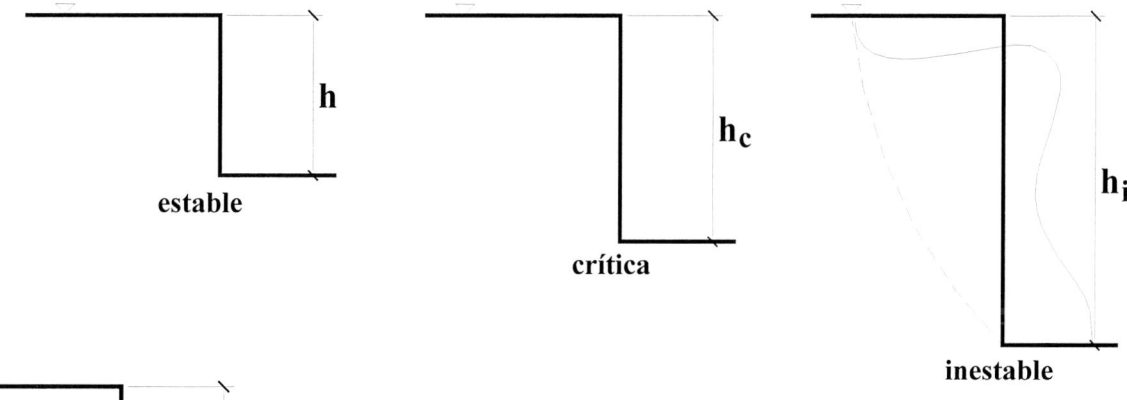

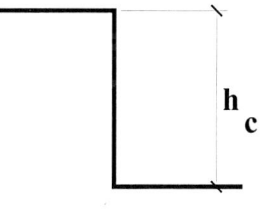

cuyos valores son:

- Desde un punto de vista teórico: h$_{c\ teórica}$ = 2 · h$_0$

- Desde un punto de vista práctico:
    · sin sobrecarga:

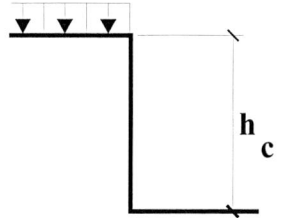

$$h_c = 2{,}67\frac{c}{\gamma} \times tag\left(\frac{\pi}{4}+\frac{\varphi}{2}\right)$$

    · con sobrecarga:

$$h_c = 2{,}67\frac{c-0{,}5s}{\gamma} \times tag\left(\frac{\pi}{4}+\frac{\varphi}{2}\right)$$

donde s = sobrecarga del terreno en T/m².

Para poder sobrepasar estas profundidades, tendremos que dar un cierto grado de inclinación a las paredes, que será medido con respecto a la horizontal, menor que el grado de talud natural, o bien recurrir a la entibación. (Ver tablas).

4.- ENTIBACIONES

Cuando sobrepasemos la altura crítica y no podamos efectuar las excavaciones dándoles a sus paredes el grado de inclinación adecuado, o bien la naturaleza del terreno lo requiera, debemos proceder a establecer una estructura auxiliar (entibación): entendiendo como tal al conjunto de elementos provisionales que evitan el desmoronamiento de las paredes y que, al mismo tiempo, trasmiten los empujes de las tierras que contienen, bien al suelo o a otra pared.

Para su cálculo tendremos en cuenta:

El empuje que puede actuar sobre una entibación en un principio quedaría representado por la recta de Coulomb-Rankine. Sin embargo, numerosas experiencias (Klenner, Lehmamn, Tergzaghi y Peck), han demostrado que este empuje, en lugar de crecer con la profundidad de la excavación, permanece constante en buena parte de su altura y puede ser representado por un trapecio.

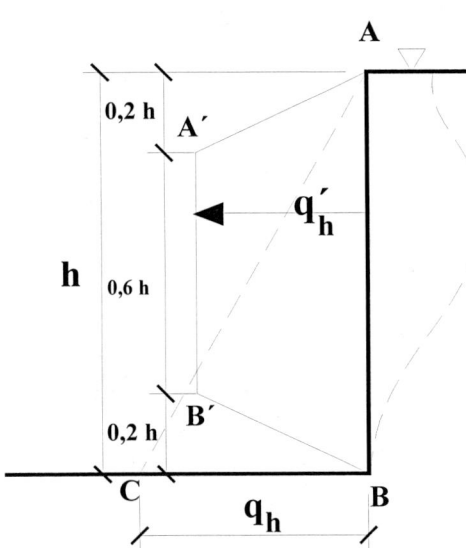

AC= recta de Coulomb $\rightarrow E_a = \frac{1}{2}\gamma \times h^2 \times tag\left(\frac{\pi}{4}-\frac{\varphi}{2}\right)$

ABB´A´ = presiones reales según Tergzaghi
como:

$q'_h = 0,75 \times \overline{BC}$

tenemos que:

$E_a = \dfrac{h+0,6\,h}{2} \times q'_h = 0,8\,h \times q'_h$

$E_a = 0,8 \times h \times 0,75 \times \gamma \times h \times tag^2\left(\dfrac{\pi}{4}-\dfrac{\varphi}{2}\right)$

Particularizando para γ= 2 T/m³, podemos obtener el siguiente gráfico:

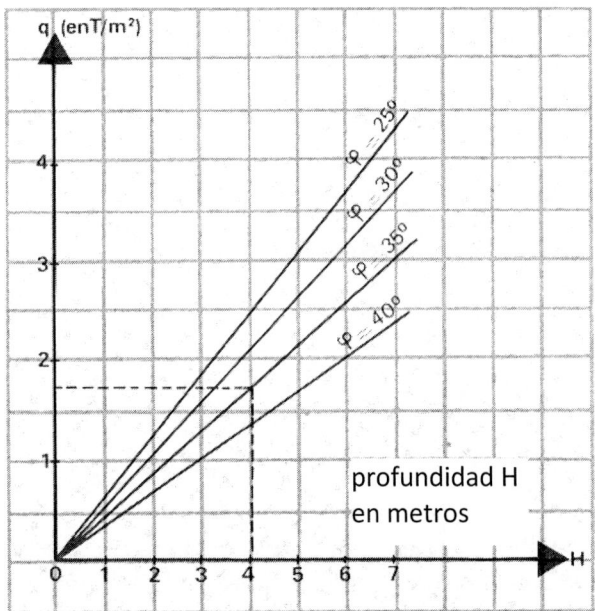

4.1.- Dimensionado de entibaciones ejecutadas en madera (Recomendaciones francesas)

Este tipo de entibaciones sólo es aconsejable, para profundidades que no superen los 3 metros, salvo ejecución muy cuidada y un adecuado control de la calidad de la madera empleada.

Paredes:
Las paredes estarán constituidas por tableros de 40-50 mm de espesor, que pueden estar colocados horizontalmente, o verticalmente. Las tablas están unidas, según los casos, sea por montantes verticales, sea por montantes horizontales.

Montantes horizontales y verticales:
Su escuadría será de 8x22 o ⌀ 15- 20 cm.

Entibación con tablas horizontales en pared.
Cuando se trabaja con tablas colocadas horizontalmente, es preciso colocar un cabecero vertical a cada extremo de la tabla, permitiendo unos voladizos de alrededor de 25 cm.

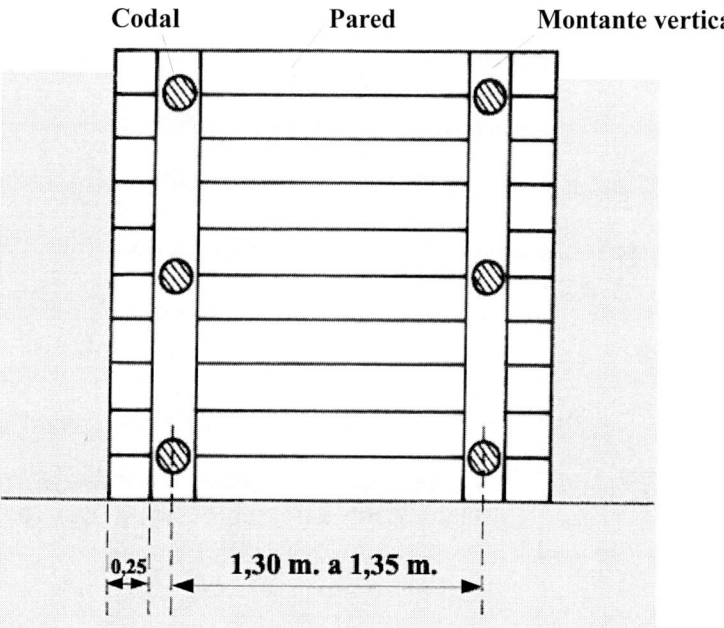

Para tablas de 2 m., con montantes de 15-20 cm de ancho, los entreejes de los montantes serán de 130-135 cm.
Para tablas de longitud superior a dos metros, colocar uno o dos cabeceros verticales suplementarios de manera que sus entreejes no sean superiores a 150 cm, ni inferiores a 120 cm, distancia por bajo de la cual el trabajo resulta difícil (colocación de codales)

Entibación con tablones verticales en pared:

Cuando ejecutemos la entibación con tablones colocados verticalmente, lo que haremos sobre todo en terrenos de mala calidad, se procede de manera análoga al caso anterior, colocando un cabecero horizontal a cada extremo de la tabla, dejando sendos voladizos. El voladizo superior se incrementará en 15 cm, al objeto de permitir su utilización como rodapié.

El entreeje entre cabeceros, se mantendrá entre 100-150 cm, para pared de tabla 40 mm de espesor.

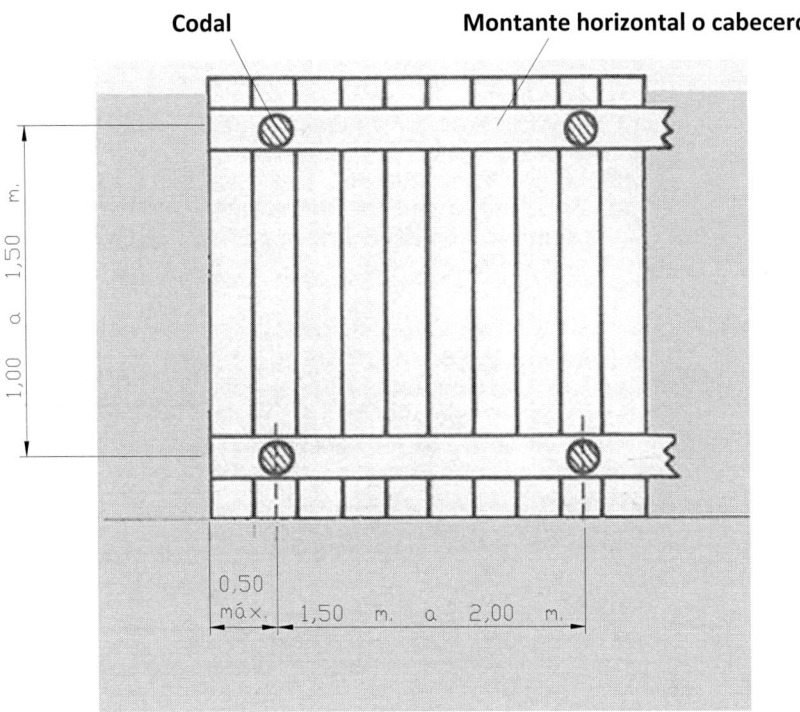

Codales:

El número de codales varía con la longitud de los cabeceros, tanto horizontales como verticales.

Con los cabeceros verticales, no hay inconveniente en aumentar el número de codales, siendo el mínimo de 2 para los cabeceros de 1 m y 3 para los de 2 m.

La utilización de cabeceros horizontales, necesaria en el caso de disposición vertical de tablas, implica una separación entre las baterías de codales de 150- 200 cm, con la finalidad que se pueda trabajar entre ellos, estando en los dos extremos colocados alrededor de 50 cm, del extremo del cabecero horizontal.

El diámetro de los codales (rollizos), variará en función de la longitud necesaria y de la intensidad del empuje que deban soportar. Este empuje es igual a la superficie de entibación afectada por el codal, multiplicada por el empuje del terreno q. En el siguiente ábaco se indica el $\varnothing$ de los rollizos, en función de la carga y la longitud de los mismos.

El ábaco ha sido establecido atendiendo a las siguientes hipótesis.

- longitud máxima codal $\leq 20 \varnothing$
- esfuerzo de compresión admisible: 35 Kp/cm^2, para longitudes pequeñas, 20 Kp/cm^2, cuando nos acerquemos al límite arriba indicado.
- excentricidad de la carga $\leq 1/4 \varnothing$codal

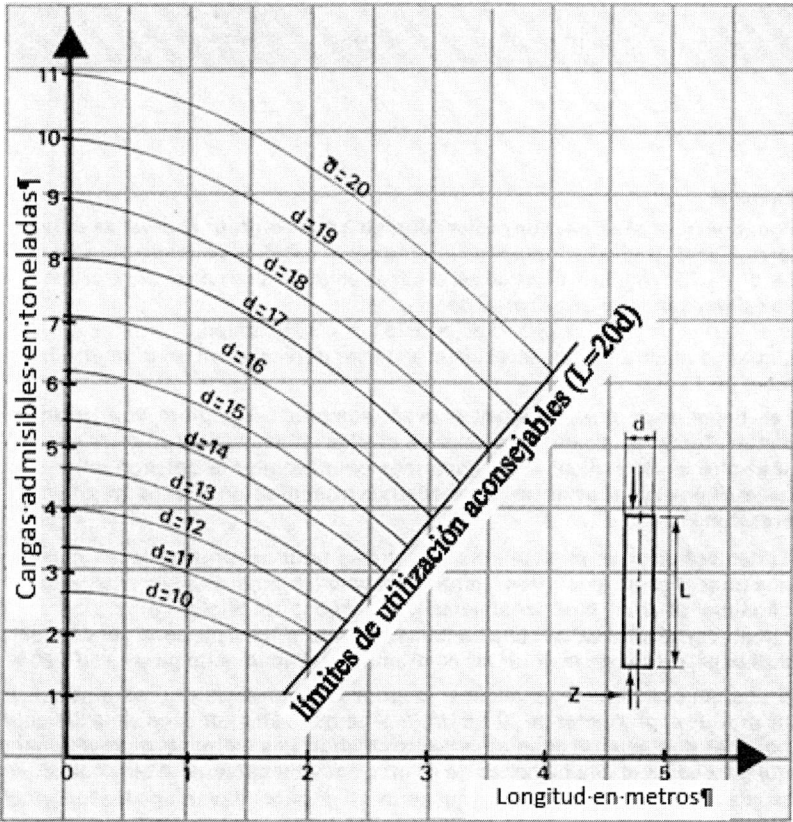

En la práctica, al objeto de evitar confusiones, se emplearán todos los codales del mismo diámetro, siendo este el máximo necesario.

Tornapuntas:

Su cálculo, es análogo al de los codales, en los esquemas que siguen podemos apreciar los esfuerzos a los que están sometidos.

DISPOSICIÓN DE LOS TORNAPUNTAS

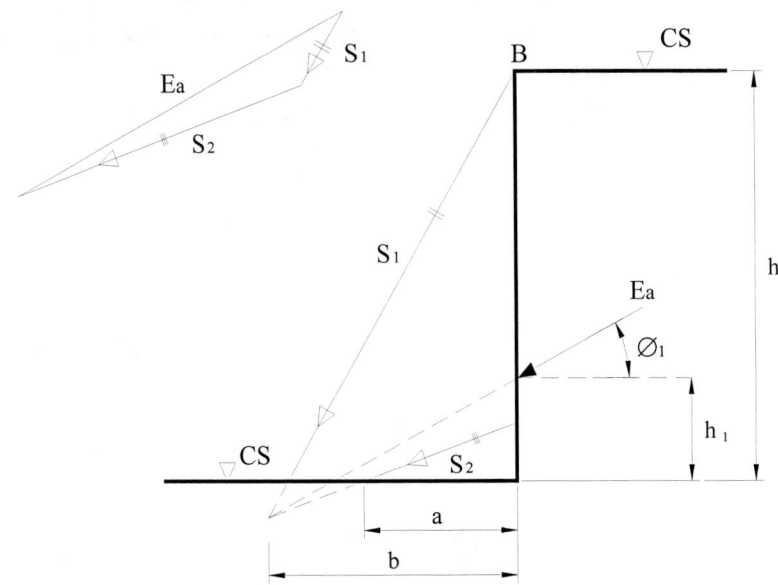

h_1 =altura del punto de paso de E_a

EL JABALCÓN INFERIOR PUEDE SER SUSTITUIDO POR UN CODAL (L)

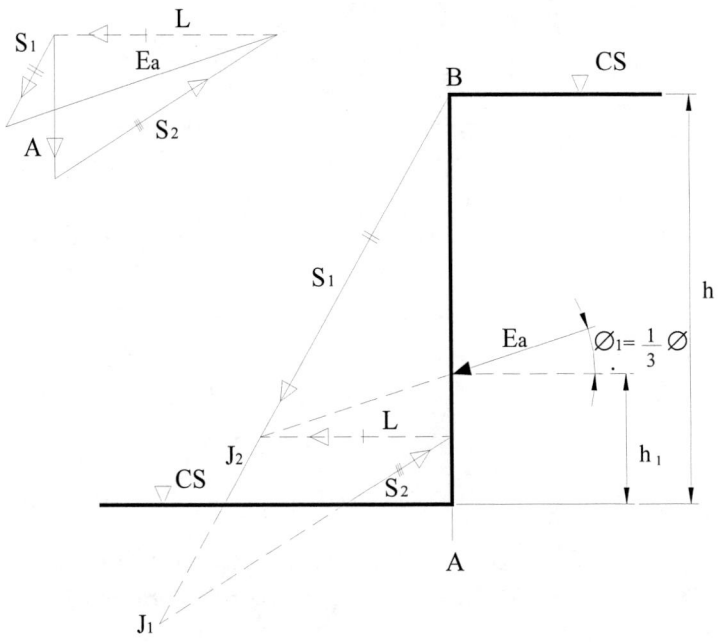

h_1 = altura del punto de paso de E_a

5.- CONDICIONES DE TRABAJO EN LOS MOVIMIENTOS DE TIERRAS

Este tipo de trabajos conlleva normalmente a una situación de riesgo, como puede ser:

- Desprendimiento y deslizamiento de tierras.
- Caídas de personas a mismo y distinto nivel.
- Atropellos, colisiones, vuelcos.
- Golpes por caídas de objetos o elementos del terreno.
- Inhalación de gases, polvos o materia particulada.
- Contactos eléctricos directos o indirectos.
- Otros.

Siendo sin duda los desprendimientos-deslizamientos de tierras y las caídas a distinto nivel, los riesgos que actualizados, se concretan en daños importantes para los trabajadores (accidentes graves o mortales).

A los efectos de este curso, y al objeto de determinar las medidas de prevención-protección, que eliminen o minimicen las consecuencias de los riesgos antes enumerados, nos limitaremos a desarrolar por razones de tiempo, aquellos que consideramos nos podemos encontrar con mayor frecuencia, como son las ZANJAS y VACIADOS.

5.1.- Normativa Legal

- RD 1627/1997, por el que se establecen disposiciones mínimas de seguridad y salud en las obras de construcción

PARTE C - Disposiciones mínimas específicas relativas a puestos de trabajo en las obras en el exterior de los locales

9. Movimientos de tierras, excavaciones, pozos, trabajos subterráneos y túneles.

a) Antes de comenzar los trabajos de movimientos de tierras, deberán tomarse medidas para localizar y reducir al mínimo los peligros debidos a cables subterráneos y demás sistemas de distribución.

b) En las excavaciones, pozos, trabajos subterráneos o túneles deberán tomarse las precauciones adecuadas:

1º Para prevenir los riesgos de sepultamiento por desprendimiento de tierras, materiales u objetos, mediante sistemas de entibación, blindaje, apeo, taludes u otras medidas adecuadas.

2º Para prevenir la irrupción accidental de agua, mediante los sistemas o medidas adecuados.

3º Para garantizar una ventilación suficiente en todos los lugares de trabajo de manera que se mantenga una atmósfera apta para la respiración que no sea peligrosa o nociva para la salud.

4º Para permitir que los trabajadores puedan ponerse a salvo en caso de que se produzca un incendio o una irrupción de agua o la caída de materiales.

c) Deberán preverse vías seguras para entrar y salir de la excavación.

d) Las acumulaciones de tierras, escombros o materiales y los vehículos en movimiento deberán mantenerse alejados de las excavaciones o deberán tomarse las medidas adecuadas, en su caso mediante la construcción de barreras, para evitar su caída en las mismas o el derrumbamiento del terreno.

- VII Convenio General del Sector de la Construcción: Capítulo IV, Trabajos de movimientos de tierras, excavación, pozos, trabajos subterráneos y túneles. Arts. 200-208.

Cuya concreción, iremos viendo a lo largo del tema, pero que fundamentalmente establece:

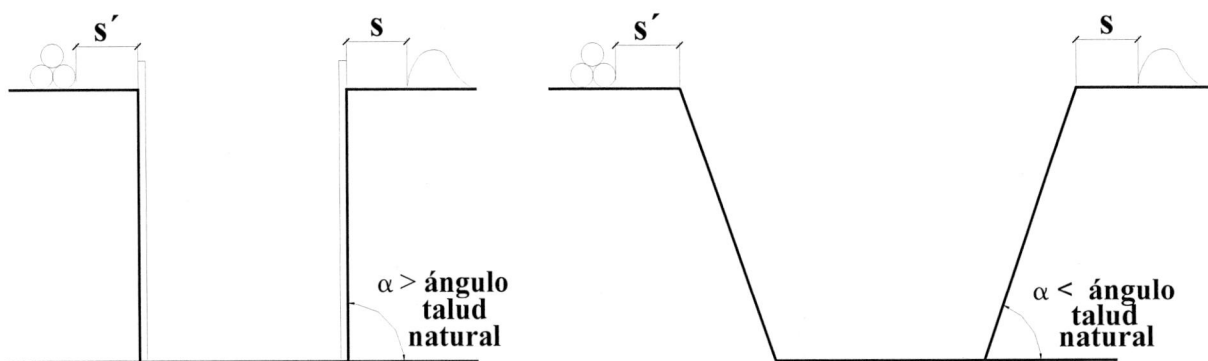

s Ù s´: distancia suficiente para no sobrecarga

Artículo 201. Medidas a adoptar durante la realización de los trabajos.

Durante la ejecución de trabajos de excavación en general, pozos, trabajos subterráneos y túneles se adoptarán todas las medidas preventivas necesarias especificadas, en su caso, en el proyecto de ejecución de la obra, a fin de evitar derrumbamientos según la naturaleza y las condiciones del terreno y la forma de realización de dichos trabajos.

En los trabajos de excavación se debe conocer, lo más exactamente posible, el tipo de terreno. Si no se puede garantizar la estabilidad del terreno, especialmente si es necesario trabajar desde el interior de la excavación, se deberá velar por la seguridad de las personas trabajadoras mediante la estabilización previa del terreno (por ejemplo, mediante entibaciones, cimentados, etc.).

Como vemos y, en relación al tratamiento del terreno, deja un amplio margen a la Dirección de Obra.

Este tema es tratado de diferente manera en los distintos países. Así tenemos:

- Normativa alemana

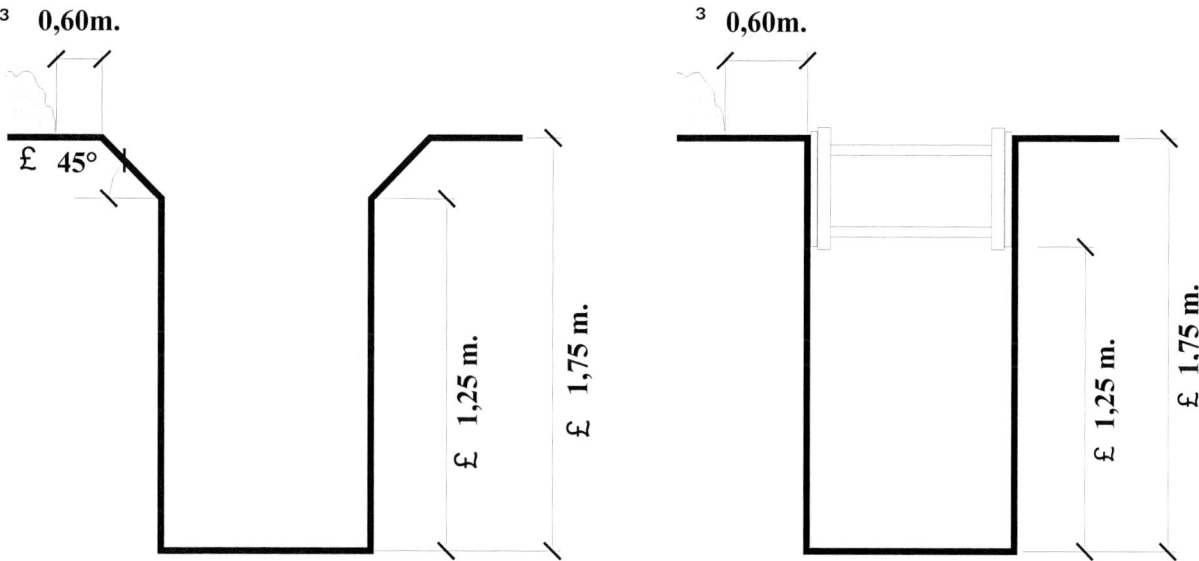

NOTA: A partir de aquí la normativa alemana exige una entibación cuajada.

- Normativa francesa

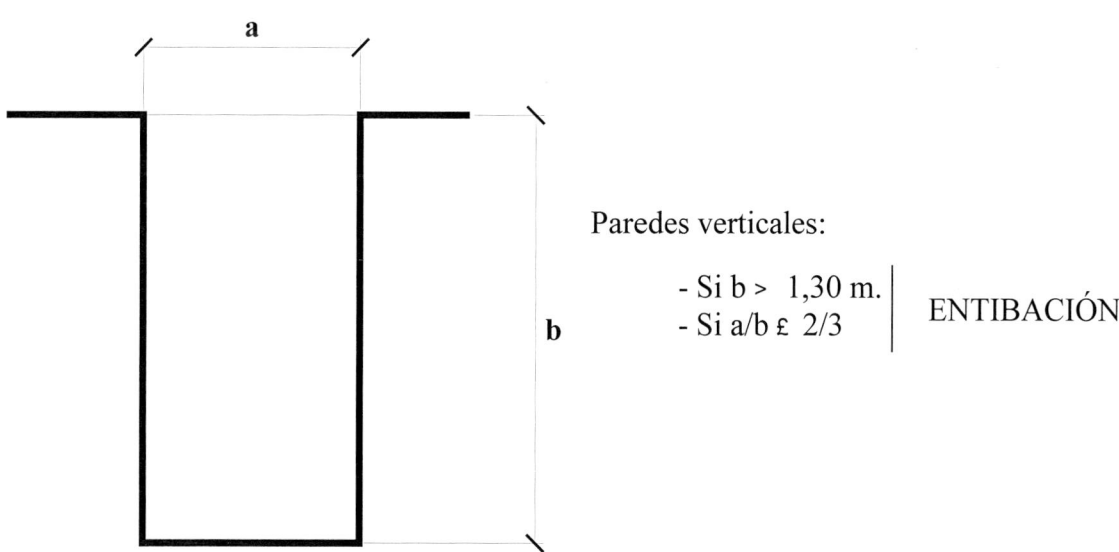

Paredes verticales:

- Si b > 1,30 m.
- Si a/b £ 2/3

ENTIBACIÓN

5.2.- El Suelo

Bajo el punto de vista de excavación, los suelos se pueden clasificar en:
- Rocosos.
- Granulares.
- Cohesivos.

Suelos Rocosos:

Se consideran aquellos que deben trabajarse con explosivos o martillo picador (rocas eruptivas, calcáreas, margas compactas).

En general con buena estabilidad, a menudo están estratificadas o fisuradas, presentando un riesgo de desprendimiento difícil de evaluar en el tiempo.

Cuando sea necesario la entibación, la podemos efectuar con elementos discontinuos, a distancias dadas por el cálculo. Como alternativa, podemos utilizar el bulonado y el gunitado.

Suelos Granulares:

En este tipo de suelos, no es posible abrir una zanja sin que las paredes de la misma se derrumben en un plazo más o menos breve. En el caso de arenas secas o saturadas de agua, gravas, rellenos. Siendo técnicamente imposible efectuar la excavación sin recurrir a entibaciones cuajadas.

Suelos Cohesivos:

Los que no entran en las clasificaciones anteriores. Son los más numerosos.

La cohesión de un suelo la podemos definir como la propiedad que le permite resistir un esfuerzo de cizallamiento, siendo una característica no permanente con el tiempo. Puede modificarse rápidamente y es prácticamente imposible determinar el tiempo en que va a variar. Esto justifica que se exija entibación.

5.3.- El Agua

Artículo 208. Medidas en caso de incendio, irrupción de agua o caída de materiales.
(VII Convenio General del Sector de la Construcción)

"En las excavaciones, pozos, trabajos subterráneos o túneles deberán tomarse las precauciones adecuadas tanto para prevenir la irrupción accidental de agua mediante los sistemas o medidas adecuados, como para permitir que las personas trabajadoras puedan ponerse a salvo en el caso de que se produzca un incendio, una irrupción de agua o la caída de materiales."

La presencia de agua en los suelos donde se va a efectuar la excavación constituye, entre otros, un agravante cara al deslizamiento de las tierras.

Agua de arroyada

El agua que circula superficialmente (como consecuencia de lluvias o roturas accidentales de canalizaciones), provocan la erosión de los taludes por acción mecánica. Pudiendo crear vacíos detrás de la entibación, provocando su desequilibrio. De otro lado, los materiales arrastrados pueden invadir el fondo de la zanja y hacer más difícil y peligrosos los trabajos en el fondo de los mismos.
Es preciso prever la recogida y evacuación de las aguas superficiales. En el caso de una invasión accidental y localizada de la excavación, se verá de reforzar la entibación mediante la adición de cuadros de arriostramiento y relleno de los vacíos creados.

Agua de infiltración - Capa freática

El agua en el suelo se mueve mecánicamente bajo dos formas, por gradiente de presión y por capilaridad.
La compresión aplicada a un suelo saturado es soportada por el esqueleto constituido por la parte sólida y por el agua comprendida entre los granos o agua intersticial. Las variaciones de la presión intersticial pueden pues perturbar el comportamiento mecánico del terreno modificando su resistencia al cizallamiento.
La presencia de agua en los taludes nos deberá conducir a un incremento de las medidas de seguridad (aumento de la entibación o de la pendiente del talud). Si es posible recurriremos al drenaje al objeto de disminuir la presión intersticial.
Cuando sean de temer sifonamientos, se procederá a rellenar la zona con material permeable o a rebajar el nivel hidráulico mediante bombeo.

5.4.- Información Previa

Artículo 200. Medidas a adoptar antes del inicio de los trabajos.
(VII Convenio General del Sector de la Construcción)

"Antes del comienzo de los trabajos, y para evitar las interferencias con los cables de los distintos sistemas de distribución, se establecerán las medidas preventivas oportunas teniendo en cuenta las siguientes consideraciones:

a. Si las canalizaciones no están señalizadas y protegidas, será necesario localizar, de modo exacto, el lugar de paso de las mismas antes del inicio de los trabajos. Para ello, se contactará con la compañía suministradora correspondiente.

b. En el caso de las canalizaciones eléctricas, una vez localizadas, se procederá a trabajar bajo las consideraciones reguladas por la normativa sobre disposiciones de protección de la salud y seguridad de los trabajadores frente al riesgo eléctrico.

c. En el caso de canalizaciones de gas, debe evitarse la realización de trabajos que produzcan chispas o fuego (por ejemplo: utilizar equipos e iluminación antideflagrantes, útiles de bronce, etc.). Se prohibirá fumar en las cercanías de estas canalizaciones, así como encender fuego.

d. Si se trata de sistemas de distribución aéreos, se deberá obtener información de la compañía suministradora sobre la instalación afectada. Si es posible, se desviará el sistema de distribución para evitar las interferencias. En caso contrario, se colocarán barreras o avisos para que los vehículos y la maquinaria a emplear se mantengan alejados de los sistemas de distribución. Si dichos vehículos y maquinaria tuvieran que circular bajo los sistemas de distribución, se señalizarán éstos y se instalará una protección de delimitación de altura.

e. Cuando se ejecuten actividades en pozos, trabajos subterráneos y túneles, los lugares de trabajo deberán estar equipados con un alumbrado eléctrico capaz de ofrecer una iluminación adecuada a las tareas que se realizan en ellos; para evitar los riesgos derivados de avería en la iluminación artificial, se dispondrá otra complementaria de seguridad que permita asegurar la evacuación de personal en caso de faltar la corriente. De ser imposible la iluminación artificial, se dotará a las personas trabajadoras de iluminación individual.

f. En las excavaciones, pozos, trabajos subterráneos o túneles deberán tomarse las precauciones adecuadas, tanto para prevenir la irrupción accidental de agua mediante los sistemas o medidas convenientes, así como para permitir que las personas trabajadoras puedan ponerse a salvo en el caso de que se produzca un incendio, una irrupción de agua, la caída de materiales o la posible emanación de gas."

Antes de iniciar los trabajos de excavación, deberemos tener el mejor conocimiento del terreno que vamos a atravesar, tanto desde el punto de vista geológico como el de los servicios que lo atraviesan (conducciones de agua, gas, electricidad, teléfonos, etc.), así como de los trabajos de excavación anteriormente efectuados en la zona. En cualquier caso, deberemos conocer las diferentes capas del terreno a excavar, así como la profundidad de los distintos acuíferos.

5.5.- Sobrecargas

Artículo 202. Acumulaciones de tierras, escombros o materiales.
(VII Convenio General del Sector de la Construcción)
"Las acumulaciones de tierras, escombros o materiales, y los vehículos en movimiento deberán mantenerse alejados de las excavaciones o deberán tomarse las medidas adecuadas, en su caso, mediante la construcción de barreras, para evitar su caída en las mismas o el derrumbamiento del terreno."
A falta de estudios más detallados la distancia de seguridad para no considerar sobrecargas se puede estimar en dos veces la profundidad de vaciado.
Un estudio del valor del empuje añadido por la sobrecarga se puede considerar estableciendo:
que la altura de cálculo es igual a la de excavación más la altura equivalente de la sobrecarga. Cuando una excavación se vaya a efectuar cerca de un muro, edificación, poste, apoyo andamio, etc., será preciso prever un refuerzo de la entibación, tanto si la excavación es poco profunda como si el terreno es poco estable."

5.6.- Vibraciones

Las vibraciones producidas por las máquinas o por la proximidad de paso de vehículos, líneas de ferrocarril o metro, disminuyen la cohesión del terreno y puede provocar el colapso de la entibación si ello no se ha tenido en cuenta.

5.7.- Acceso a la excavación

Artículo 203. Vías de entrada y salida.
(VII Convenio General del Sector de la Construcción)
"1.   Deberán preverse vías seguras para entrar y salir de la excavación.
2.   Cuando circulen indistintamente vehículos y peatones, las vías por las que transiten deberán mantenerse separadas, siempre que ello sea posible. Cuando lo anterior no sea posible se adoptarán las medidas oportunas para garantizar que el tránsito de vehículos y peatones no sea simultáneo.

3. Las entradas y salidas de los pozos, de los lugares donde se ejecuten trabajos subterráneos y de los túneles, se mantendrán expeditas y con un espacio a su alrededor de acceso restringido debidamente señalizado."

Artículo 204. Ascensos y descensos de las personas trabajadoras.
(VII Convenio General del Sector de la Construcción)
"Queda prohibido servirse del propio entramado, entibado o encofrado para el descenso o ascenso de las personas trabajadoras. A tal efecto, se emplearán escaleras, adoptando las medidas de seguridad correspondientes.

Cuando se empleen ascensores para la subida y el descenso de las personas trabajadoras en los pozos, se adoptarán las medidas de seguridad correspondientes."

Cuando los accesos a las excavaciones se efectúen mediante escaleras de mano, las mismas se instalarán lo más cerca posible del lugar de trabajo o vía de salida, a fin que los trabajadores puedan salir rápidamente en caso de peligro.

Según el tipo elegido, cumplirán con lo previsto en el RD 1627/97, Anexo II, apartado 4.2. y con lo establecido en los artículos 191, 192 y 193 del VII Convenio General del Sector de la Construcción.

5.8.- Barandillas

Las zonas de trabajo con riesgo de caída de altura mayor de 2 metros quedarán protegidas en sus lados abiertos, por barandillas y plintos que cumplan los siguientes requisitos:
- Serán resistentes.
- Tendrán una altura mínima de 90 cm (recomendable 100 cm), medidos desde el nivel del piso.
- Dispondrán de un reborde de protección, un pasamanos y una protección intermedia que impidan el paso o deslizamiento de los trabajadores.

Además de estos requisitos previstos en el Anexo IV parte C del RD 1627/97, cumplirán con los artículos 187 y 188 del VII Convenio General del Sector de la Construcción.

5.9.- Trabajos en proximidades de líneas eléctricas

Para tener más información sobre esta materia, se puede acudir a la publicación titulada "Prevención de riesgos laborales. Instalaciones eléctricas provisionales de obra."[1] Y, en concreto, a su Parte C - Trabajos no eléctricos en presencia de instalaciones eléctricas.

---

[1] Para tener información de esta publicación, accede a esta página web: http://prevencionderiesgos-laborales.blogspot.com.es/search/label/Publicaciones

5.10.- Presencia de gases

La presencia de gases es un riesgo que hay que prever, el mismo puede tener un origen diverso (presencia de conducciones de gas o petróleo, alcantarillas, determinados tipos de terreno...), pudiendo llegar a desplazar el oxígeno del aire, provocar explosiones, acciones caústicas o corrosivas.

En general para evitar estos problemas, se dispondrá de un ventilador a fin de introducir en el tajo aire no viciado. El motor de accionamiento se dispondrá de tal manera que no añada nuevos riesgos. Como complemento de lo anterior se dispondrán EPI con la capacidad adaptada al riesgo a cubrir.

Cuando por el tipo de excavación (poco importante - poco volumen), no se disponga de sistema de ventilación, los trabajadores corren el riesgo de asfixia por el anhídrido carbónico procedente de su propia respiración, en estos casos lo imprescindible, es que otro trabajador quede en el exterior, sujetando la cuerda que por el otro extremo esté unida al sistema anticaídas con que irá dotado el trabajador que esté en el fondo.

El VII Convenio General del Sector de la Construcción determina los siguientes requisitos:

Artículo 205. Ventilación.

"En los pozos, túneles y galerías subterráneas, se dispondrá de una ventilación (natural o forzada) adecuada. Se tendrá en cuenta el número de personas que pueden confluir en el espacio de trabajo, así como el número y tipología de maquinaria a emplear y se adoptarán las medidas necesarias para que las personas trabajadoras dispongan de aire sano suficiente."

Artículo 206. Trabajos en atmósferas peligrosas o tóxicas.

"Con carácter previo al inicio de trabajos en los que puedan existir atmósferas peligrosas o tóxicas deberá elaborarse el correspondiente procedimiento de trabajo.
En todo caso, en dicho procedimiento se incluirán, entre otras, las siguientes medidas preventivas:
a) Antes de acceder a un espacio confinado en el que, por circunstancias especiales, sea de temer la existencia de un ambiente peligroso o tóxico, se harán las pruebas y mediciones necesarias para conocer el estado de la atmósfera; igualmente deberán adoptarse las medidas para prevenir la formación y acumulación de atmósferas explosivas.

b) Las personas trabajadoras no podrán acceder hasta después de que se hayan tomado las precauciones oportunas para impedir cualquier accidente por intoxicación, asfixia o explosión.

c) El trabajo en espacios confinados deberá ser supervisado y no se permitirá el acceso a personas trabajadoras no autorizadas y que no estén suficiente cualificadas, formadas e informadas de los riesgos correspondientes.

d) Cuando en el desarrollo de los trabajos se noten síntomas que hagan temer la presencia de un peligro grave o la falta de oxígeno, deberá darse cuenta inmediata a la persona que supervise los trabajos, se suspenderá la actividad y se abandonará inmediatamente el lugar de trabajo."

6.- EJECUCIÓN DE ZANJAS

6.1.- Ejecución de Taludes

Es posible asegurar la estabilidad de las paredes de una zanja, durante la ejecución de los trabajos, ejecutando los taludes con un ángulo inferior al de su talud natural, como ya indicamos en el apartado 3, veamos ahora:

- Factores de estabilidad de un talud

La pendiente adoptada para la ejecución de un talud depende en primer lugar de la naturaleza geológica del terreno y de sus características mecánicas (cohesión y rozamiento interno).

Suponiendo conocido el comportamiento del suelo, es raro que sea homogeneo en toda la excavación, mayormente en obras lineales, y es necesario adaptar las pendientes de los taludes a los riesgos potenciales de deslizamiento. El peligro de deslizamiento se incrementa cuando a la heterogeneidad del terreno le acompaña buzamientos de estratos en dirección al deslizamiento.

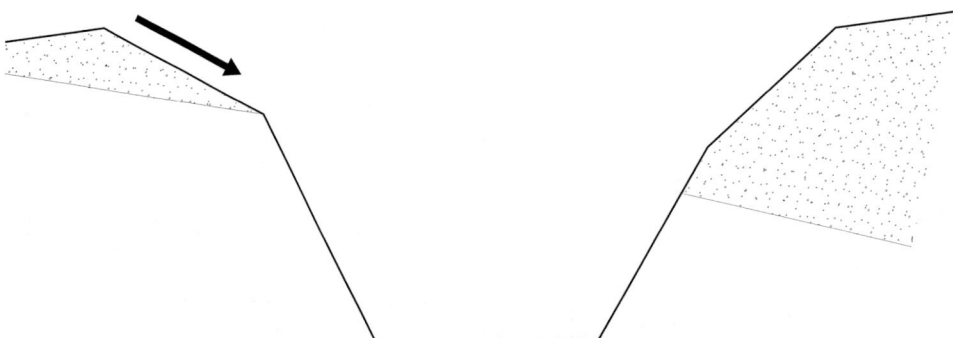

Igualmente, la estabilidad de los taludes viene afectada por las sobrecargas o presencia de agua.

En general la rapidez de ejecución de los trabajos es generalmente favorable al buen comportamiento del talud, pues de una manera general, la resistencia al cortante se aminora con el tiempo.

Reglas a observar:

- Es indispensable limpiar los flancos de los taludes, para evitar la caída de bloques de piedra o tierra.

- Los bordes de los taludes deben estar protegidos para evitar las avenidas de agua.

- Si los taludes van a estar largo tiempo expuestos a la intemperie, se protegerá su superficie con láminas impermeables o gunitado.

- En ausencia de cualquier estudio, el ángulo de talud no debe ser superior a 60 grados.

- En zonas especialmente desfavorables (buzamientos adversos, lentejones de otro material, ...), se tomarán medidas particulares para controlar el riesgo.

6.2.- Entibaciones

Entibación por tableros verticales

Sólo realizable en excavación manual.

Modo de ejecución:

- Se excava la zanja hasta una profundidad de 40-50 cm, después se coloca el primer cuadro horizontal.

- Se dispone entonces con una ligera inclinación sobre la vertical, paneles de alrededor de 2 m de longitud, interponiendo cuñas entre ellos y los cabeceros horizontales del cuadro.

- Se procede a introducir los paneles uno a uno, después de hacer con el formón de minero, una regata acuñada bajo el pié de 15-20 cm En el momento del hincado del panel, el mismo es guiado verticalmente con la ayuda del formón. El cuadro debe estar sólidamente sujeto.

Si la naturaleza del terreno lo exige, se coloca un cuadro auxiliar a unos 70 cm del cuadro anterior, para reducir la altura del empuje de tierras sobre los tableros de la entibación. A medida que avanza la excavación, se sostiene el cuadro auxiliar a la demanda y se le acodala hacia su mitad.

Llegado al nivel querido, todas las tablas están bien ancladas en su pié en el terreno, se coloca un segundo cuadro a plomo del primero y se intercala entre las tablas de entibación y el cabecero horizontal, los juegos de calzos de doble espesor y las cuñas cada 30 o 60 cm Los calzos son un poco más estrechos que los tablones, su altura es alrededor de 30 cm Se regulan los sostenedores verticales y se sustituyen los tirantes y cabeceros horizontales del primer y segundo cuadro por puntales.

Se efectúa el descenso del segundo juego de tablones, introduciéndolos entre el cabecero horizontal y los huecos que los calzos dejan entre ellos. Los tablones quedan bloqueados por un doble calzo y una cuña contra el segundo cuadro.

Se sigue como se ha dicho anteriormente.

En el fondo de la zanja, se dispone el último cuadro y se bloquean con dos calzos dobles y cuñas.

En terrenos sueltos, es necesario un cuajado total, para evitar vaciados.

Retirada de la entibación:

Las operaciones de retirada de la entibación se efectuarán en el orden inverso a su colocación.

Los tablones de la entibación están embutidos en una cuña de tierra cuidadosamente ejecutada.

Se retira el cuadro inferior y se rellena la zanja . Se puede entonces remontar progresivamente los tablones de la entibación una a una conservando siempre anclado su pié. La operación se realiza apoyando el formón de minero sobre el tablón.

Condiciones de utilización:

Correctamente empleado, este procedimiento es el que ofrece mayor seguridad tanto en su montaje como en su retirada. Es un procedimiento clásico correspondiente a terrenos granulares

La embutición de los tablones en el terreno mediante su acuñamiento constituye el elemento básico de la seguridad del procedimiento. Si, excepcionalmente, la naturaleza del terreno no permite la ejecución de una cuña normal (presencia de bolos, terrenos fluentes, ..) los tablones deben estar arriostrados en su base en el curso de su avance, empleando un cuadro auxiliar.

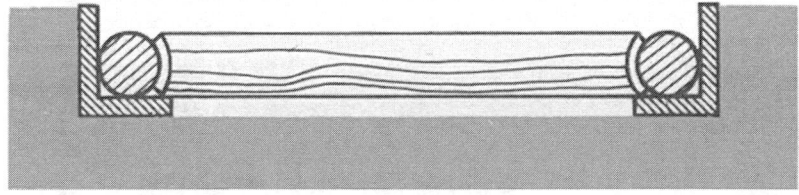

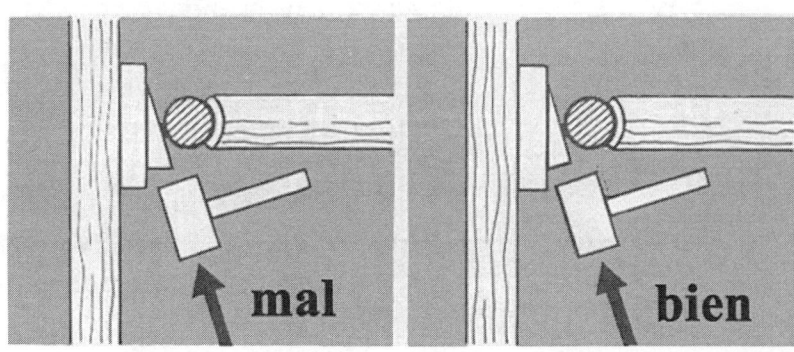

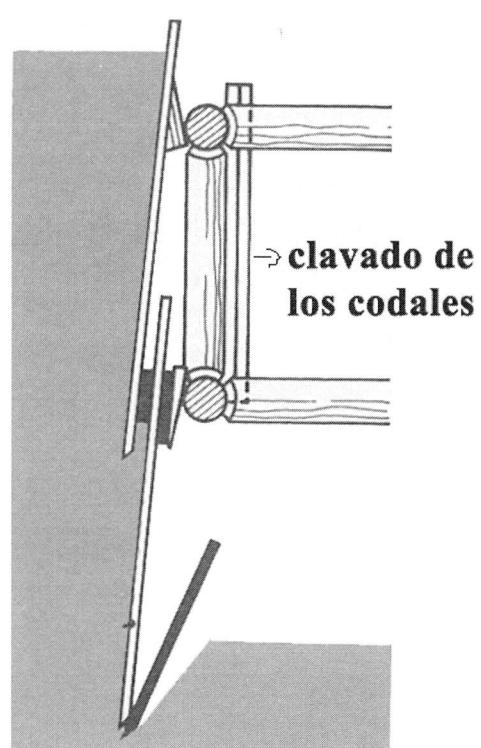

→ **clavado de los codales**

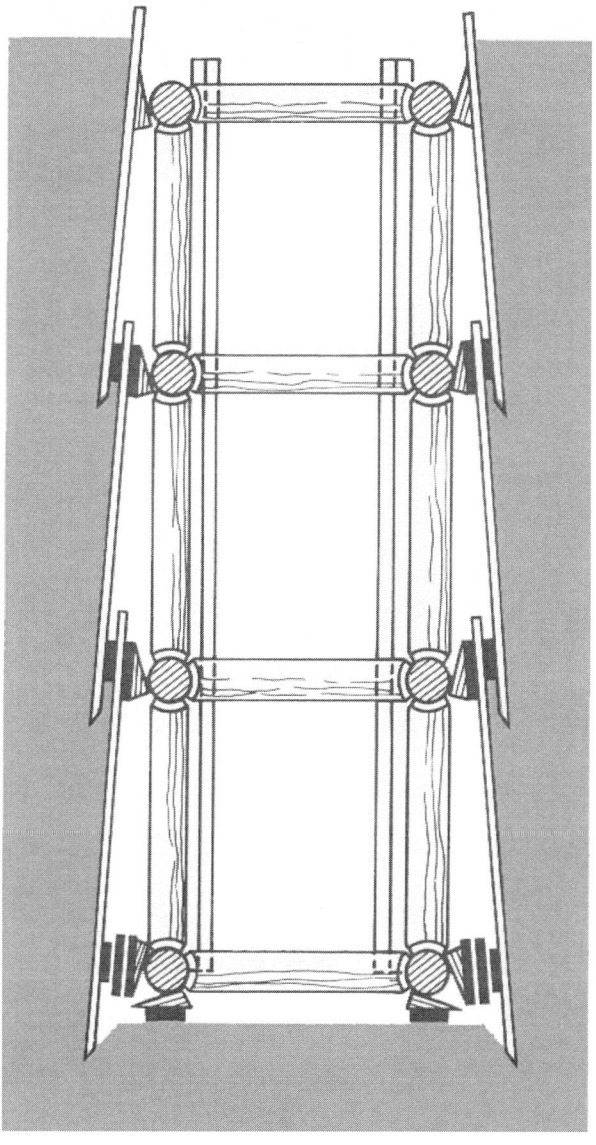

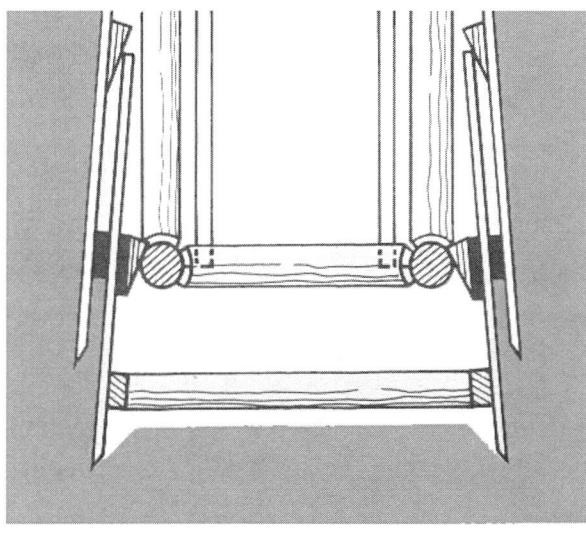

Entibación por tablones horizontales:

Cuando la excavación se realiza manualmente en terrenos buenos, el procedimiento más simple consiste en entibar con tablones horizontales.

Excavamos la zanja sin entibar hasta una profundidad de 80-120 cm, según la consistencia del terreno; llegado a este nivel, entibar, haciéndolo de tal manera que el tablón superior, sirva de rodapié, volando 15 cm sobre el nivel del terreno. Seguir la excavación por tramos de 80 cm de altura.

El desmontaje se realizará por tramos, en orden inverso al de colocación, de tal manera que las alturas no entibadas, donde se trabaje, no sobrepasen jamás los 80 cm. El riesgo de deslizamiento se encuentra así muy limitado. Ningún tramo se desentibará sin que el precedente haya sido terraplenado.

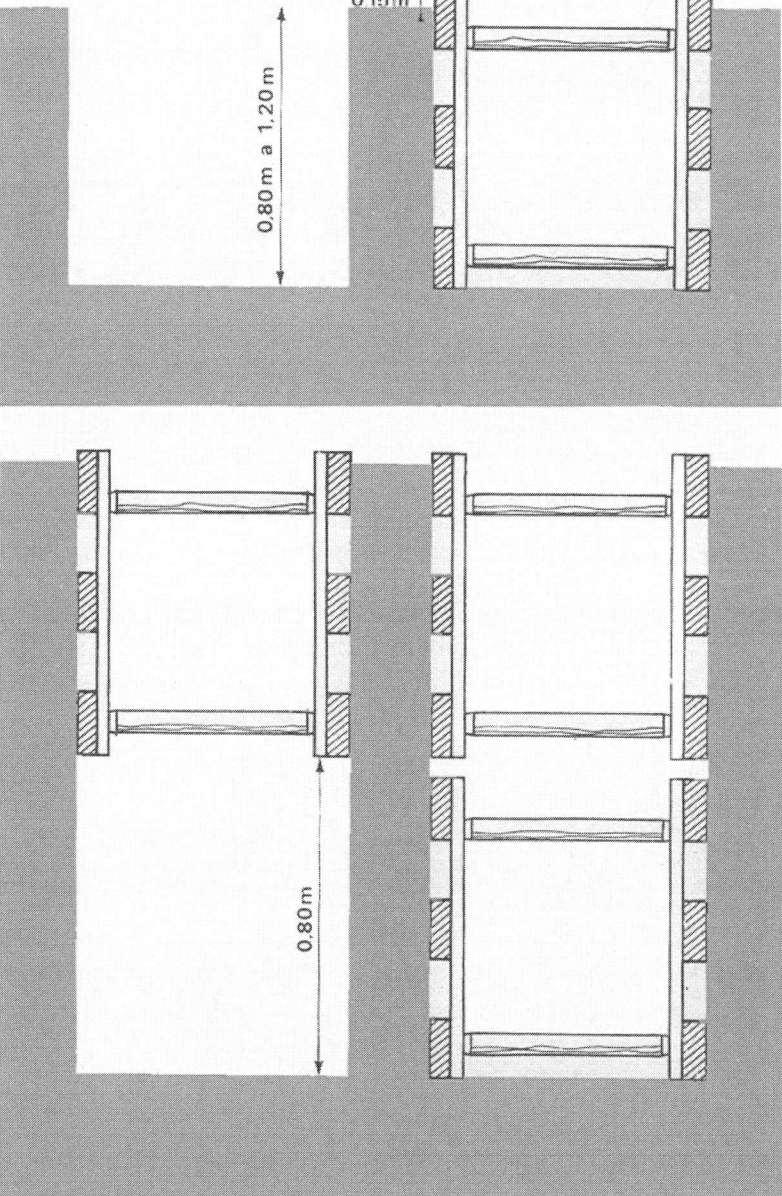

Entibación con ayuda de un bastidor auxiliar de colocación

El bastidor auxiliar de colocación permite preparar en el exterior de la zanja a entibar, las dos paredes de la entibación formada por tablones de madera o tablestacas metálicas ligeras. Estas entibaciones son generalmente verticales.

El ancho del bastidor auxiliar es regulable para permitir su adaptación a los diferentes anchos de las zanjas, así como su retirada después de haber sido colocada la entibación.

El bastidor desciende al fondo de la zanja con la ayuda de una grúa. Los trabajadores pueden entonces descender a la zanja, bajo la protección de la entibación mantenida por el bastidor auxiliar y proceder al blocaje de los codales. Efectuado el mismo, se retira el cuadro de colocación y se procede a una nueva puesta.

El empleo de este procedimiento presupone que el terreno es autoestable durante al menos el tiempo necesario para la excavación de la zanja y colocación de la entibación. Se necesita que las paredes de la zanja sean verticales según superficies planas regulares, lo que supone suelos homogéneos sin bolos ni bolsas.

La existencia de canalizaciones, que atraviesen la zanja a abrir, limita la utilización del procedimiento de entibación con la ayuda del bastidor auxiliar.

Después de la ejecución de los trabajos de canalización y relleno parcial de la zanja, la retirada de las tablas o de las tablestacas verticales, se hace con la ayuda de un extractor constituido por una pinza montada en el extremo de una pala hidráulica.

Entibación mediante paneles prefabricados

Este tipo de entibación puede ser ejecutado con varios tipos de material, desde los más simples a los más elaborados. En general, salvo con los materiales que pueden ser colocados en obra por clavado, este procedimiento es utilizado para entibar las zanjas ejecutadas en terrenos en los cuales la cohesión es suficiente para que las paredes sean autoestables al menos durante la excavación.

Paneles de madera:
Este método consiste en disponer de una serie de paneles, dimensionados según la naturaleza del terreno.
Su longitud es de 2-2,5 m y su altura será superior a la profundidad de la zanja en 15-20 cm.
Los paneles se introducen rápidamente en la zanja una vez que se ha completado la excavación del tramo, para ello se les hace descender, deslizándolos a través de unas pértigas.

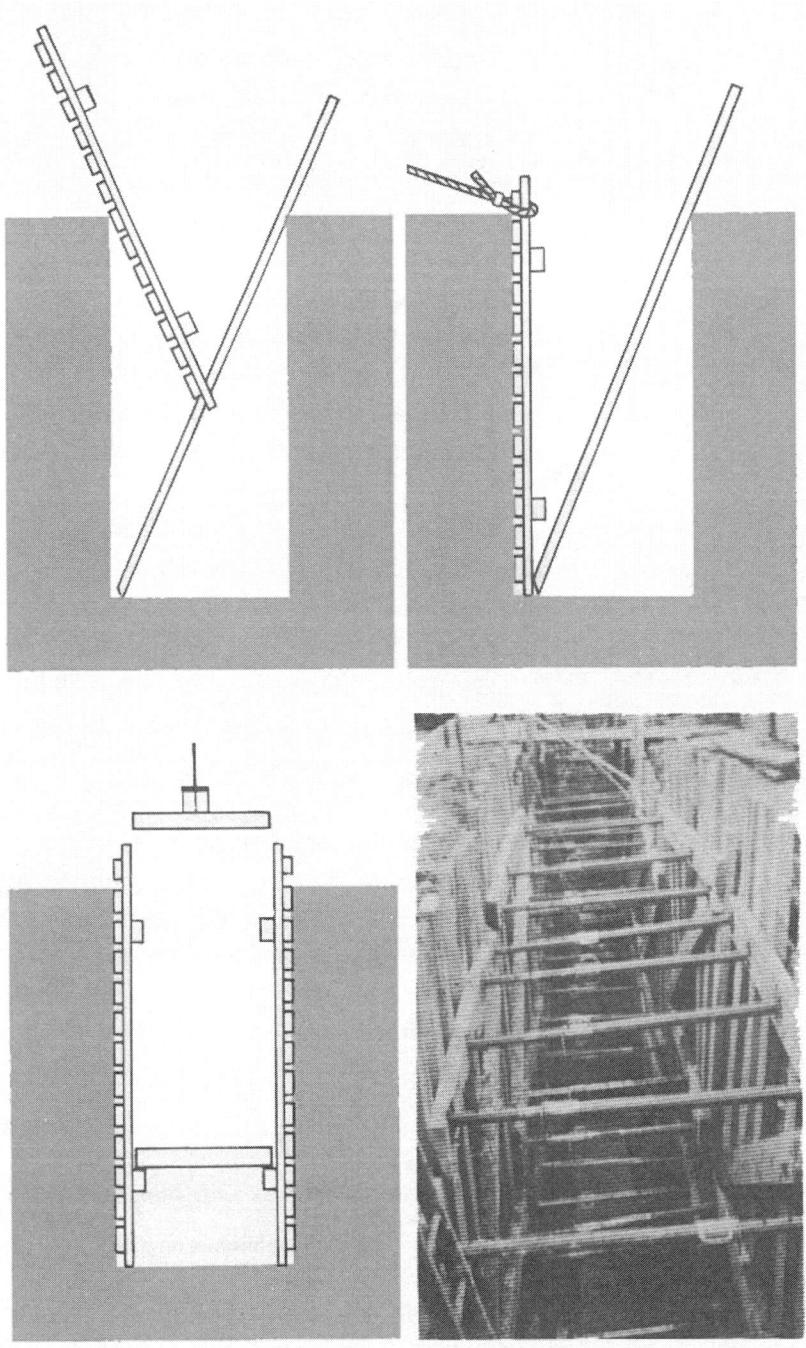

Inmediatamente son colocados verticalmente contra la pared. Desde una pequeña pasarela colocada atravesada en la zanja, se desciende con la ayuda de una horquilla o un estribo, los codales provisionales que se dejan descansar sobre tacos fijados en los montantes. Los entibadores pueden bajar sin riesgo a la zanja para colocar los codales definitivos entre los montantes o los travesaños de los paneles.

Paneles mixtos (madera-acero)

Este procedimiento consiste en descender en la zanja los elementos de entibación formados por paredes de planchas horizontales unidas por montantes metálicos y gatos de husillo especialmente concebidos. Estos elementos tienen 2,50 m de largo con tablones de 6 cm de espesor. Su altura puede ser de 50-90 cm. Las operaciones de ensamblado de las dos paredes y el reglaje aproximado de los codales, se hace en las proximidades de la zanja.

Los elementos se descienden rápidamente tras la excavación, apilándolos los unos sobre los otros, de manera que el último sobrepase al menos en 15-20 cm, el borde superior de la zanja.

Los trabajadores pueden entonces descender a la zanja para bloquear cada elemento contra la pared, comenzando por los elementos superiores.

Los montantes verticales son solidarizados entre ellos gracias a un estribo especial.

Si la naturaleza del terreno, la precisión de la excavación de las paredes y la potencia de la maquinaria de elevación lo permite, se puede ganar tiempo, bajando en bloque la entibación.

Para la desentibación, es preciso desmontar los elementos en la zanja, comenzando por los elementos inferiores y rellenando a continuación.

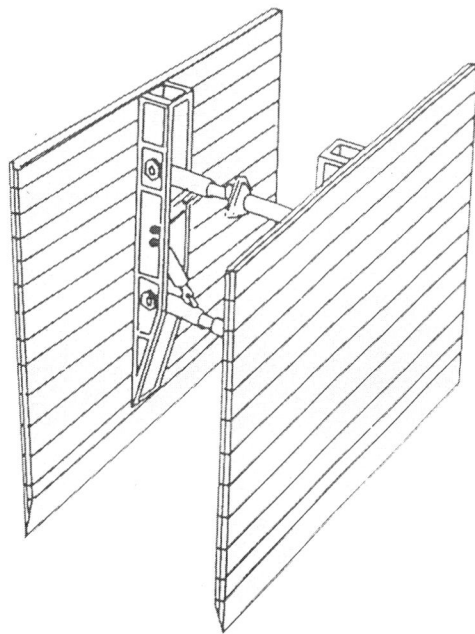

Fuente de esta imagen: Documentación charla sobre Trbajos en zanjas y vaciados. Cámara de contrastistas de la Comunidad Valenciana. 1997

Paneles metálicos

Como en el procedimiento anterior, los elementos que conforman la entibación se descienden en la zanja, pero en este caso, se trata de elementos metálicos, extremadamente robustos.

Estos elementos están constituidos esencialmente por dos paneles de perfiles metálicos soldados en toda su longitud y biselados en su base para facilitar la penetración en el suelo.

Están arriostrados entre ellos por gatos superpuestos roscados o hidráulicos, fijados en el eje del panel.

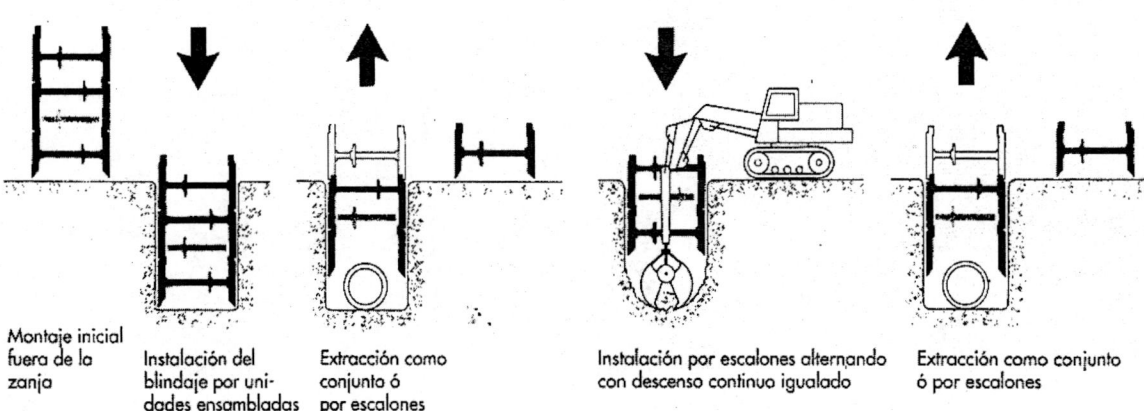

Instalación y extracción en suelos cohesivos — Instalación y extracción en suelos no cohesivos

Montaje inicial fuera de la zanja — Instalación del blindaje por unidades ensambladas — Extracción como conjunto ó por escalones — Instalación por escalones alternando con descenso continuo igualado — Extracción como conjunto ó por escalones

Fuente de estas imágenes: "Seguridad práctica en la construcción". J. Ignacio Miangolarra y Javier Puente. Servicio Central de Publicaciones del Gobierno vasco.

La fijación de los gatos sobre los paneles es muy robusta y permite a estos últimos, gracias a una articulación, el desplazamiento paralelo el uno con respecto al otro, lo que facilita el trabajo de colocación por clavado.

Los extremos verticales de estos paneles están dotados de un dispositivo que permite la unión con otro módulo.

Los elementos básicos de este tipo de material permiten entibar zanjas de 2,50 m de profundidad y de una anchura de 90-140 cm

Si la cohesión del terreno es suficiente para asegurar la estabilidad de las paredes de la zanja durante la excavación, los elementos se colocan en posición en el fondo de la zanja antes que los trabajadores desciendan para bloquear los codales.

Cuando el trabajo se haya efectuado, se puede retirar los cajones después de haber rellenado parcialmente la zanja.

En el caso de terrenos sueltos, sin cohesión, los elementos se colocan en posición por clavado. El número restringido de codales, permite a la pala excavadora, realizar su trabajo en el interior de la entibación que se va introduciendo por su propio peso. Si este descenso es frenado por los desprendimientos de tierras, el conductor de la pala los hace descender golpeando alternativamente sobre cada uno de los paneles con la cuchara.

Para trabajar racionalmente y con seguridad, 4 o 5 elementos son necesarios. El ciclo de trabajo es como sigue.

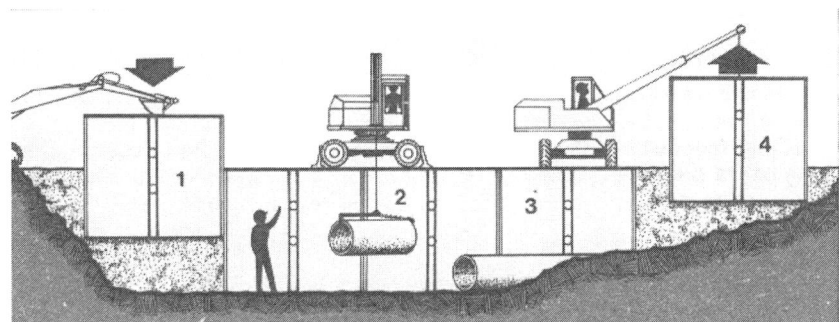

Fuente de esta imagen: "Seguridad práctica en la construcción". J. Ignacio Miangolarra y Javier Puente. Servicio Central de Publicaciones del Gobierno vasco.

1º- Colocamos la entibación

2º- Colocación del tubo en una parte entibada

3º- Relleno de la zanja

4º- Recuperación de entibación en una zona parcialmente rellena

Entibación por tablestacados

Este es un procedimiento muy antiguo, utilizado para la entibación de grandes zanjas, empleándose en la actualidad también en la ejecución de zanjas estrechas, gracias a la utilización de una máquina especialmente concebida para este uso.

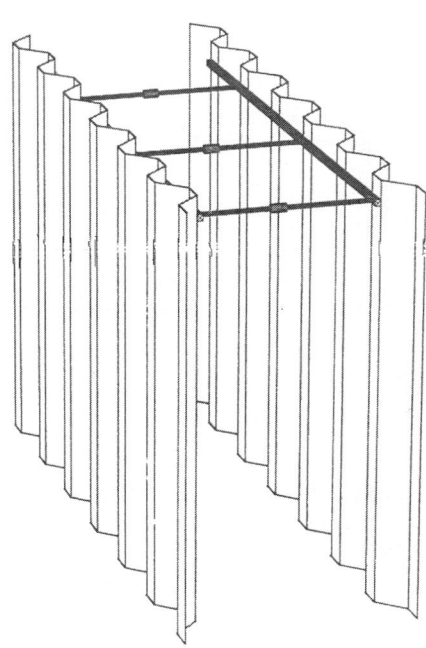

La entibación propiamente dicha está constituida por una doble pared de tablestacas ligeras que se introducen en el suelo, antes del comienzo de la excavación, hasta una profundidad mínima de 0,75 m por bajo del fondo de la zanja a excavar.

Según la naturaleza del terreno las tablestacas pueden estar juntas o separadas.

El hincado en el fondo reemplazando los codales inferiores permite simplificar la estructura de la entibación. En la mayor parte de los casos, para zanjas con una profundidad de 3.4 m, la colocación de una sola fila de codales será suficiente y por lo tanto más fácil los trabajos de colocación de la canalización que se trate.

Con la finalidad de explotar al máximo esta ventaja, es interesante utilizar cabeceros con fuerte momento de inercia y codales capaces de soportar fuertes empujes para reducir lo más posible las molestias de los apoyos.

Para una elección juiciosa de estos dos elementos, el cuadro superior de la estructura portante de una entibación de 4-5 m de longitud podrá llevar no más de dos montantes y dos codales.

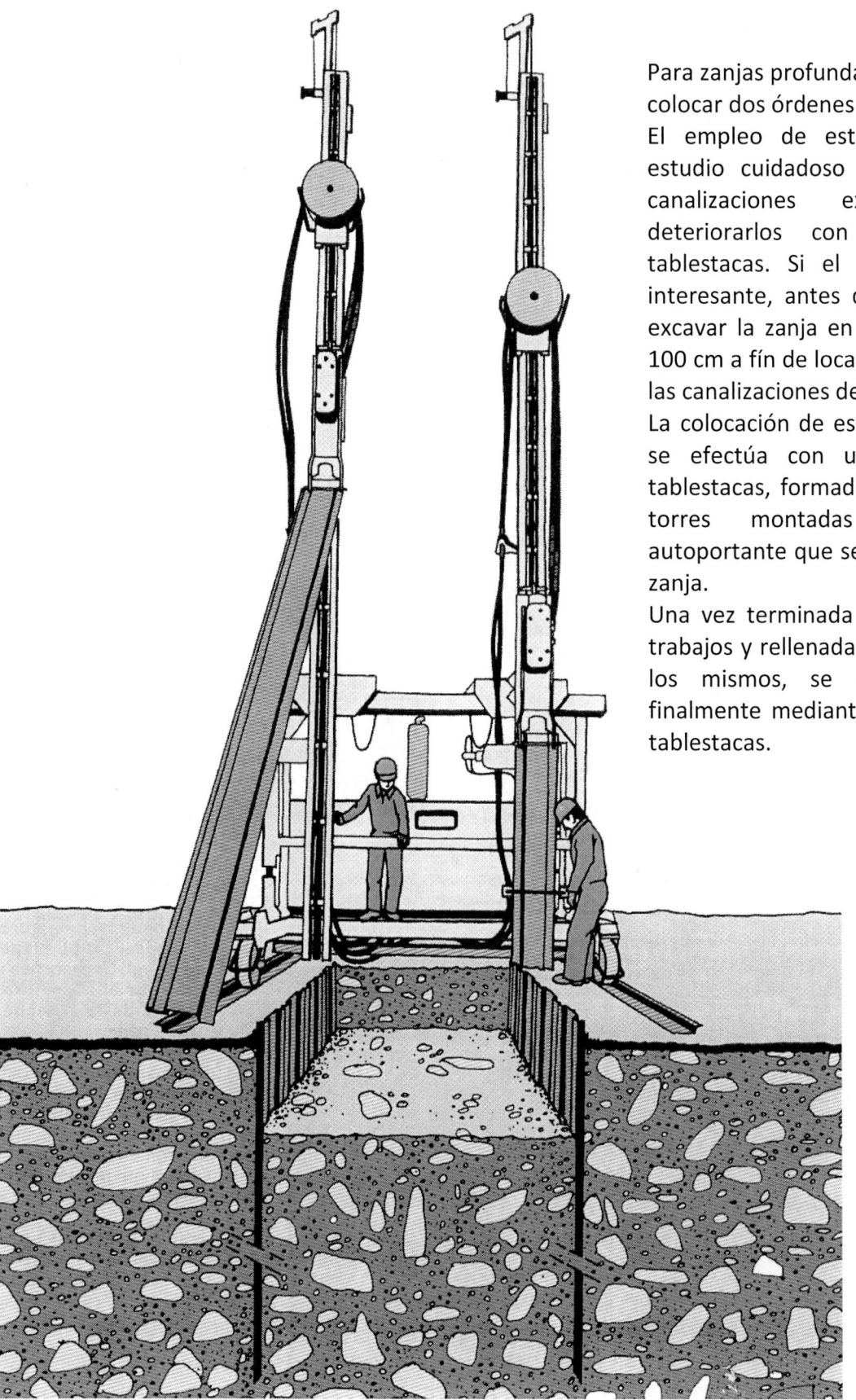

Para zanjas profundas (5-6 m), será necesari[o] colocar dos órdenes de codales.

El empleo de este método necesita u[n] estudio cuidadoso del posicionado de l[as] canalizaciones existentes, para n[o] deteriorarlos con el clavado de l[as] tablestacas. Si el terreno lo permite, e[s] interesante, antes de comenzar el clavad[o] excavar la zanja en una profundidad de 9[0] 100 cm a fín de localizar prácticamente tod[as] las canalizaciones de agua, gas, electricidad. La colocación de este sistema de entibaci[ón] se efectúa con una máquina de clav[ar] tablestacas, formada esencialmente por d[os] torres montadas sobre un chas[is] autoportante que se desplaza a caballo de [la] zanja.

Una vez terminada la zanja, efectuados l[os] trabajos y rellenada hasta codales, se retira[n] los mismos, se continúa el relleno [y] finalmente mediante máquina se retiran l[as] tablestacas.

Fuente de esta imagen: Travaux de fouilles en tranchées. OPPBTP.

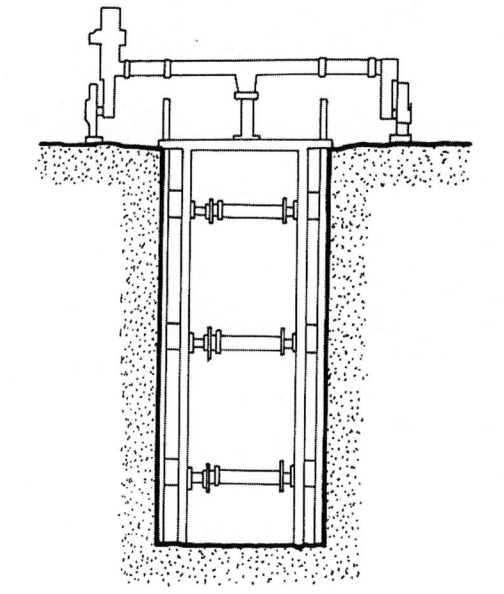

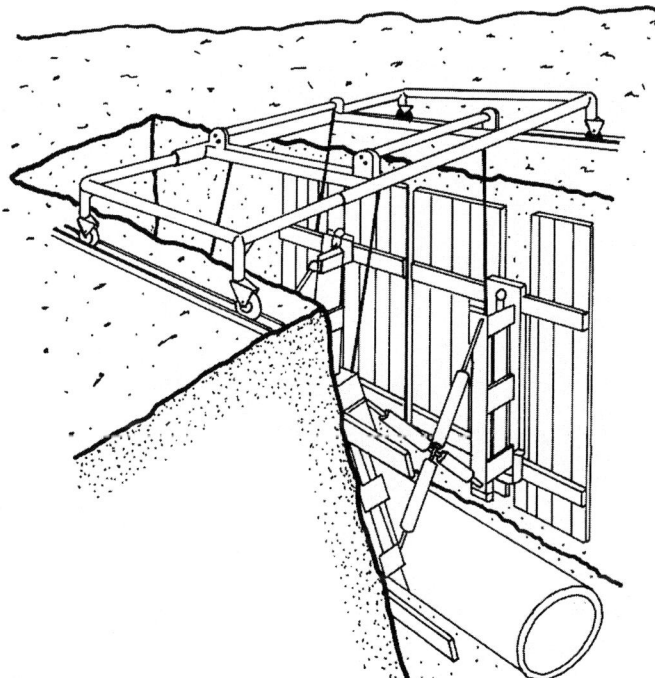

Máquina de entibar

La máquina de entibar permite realizar una entibación en madera, por medio de tablones verticales rejuntados, a medida que avanza la pala que realiza la excavación.

La máquina está constituida por un chasis equipado de ruedas con neumáticos. Un cuadro robusto regulable en ancho y alto, suspendido por una articulación al chasis móvil; provisionalmente los elementos que constituyen la entibación son sostenidos por el chasis, hasta su colocación definitiva y blocaje de codales, que se hace inmediatamente detrás de la máquina.

El cuadro, está formado por dos paneles metálicos verticales, equipado con elemento cortante, para rectificar las paredes de la zanja. El avance de los paneles metálicos y en consecuencia de la máquina está asegurado por gatos hidráulicos, que se apoyan sobre los paneles de la entibación ya colocada, lo que contribuye a su rejuntado. Después que el vástago del gato vuelva a su sitio, un nuevo emplazamiento queda disponible a cada lado entre la entibación y el panel metálico, en este hueco se dejan caer los tablones de la entibación.

Detrás de los paneles y solidarios con ellos son fijados provisionalmente cabeceros horizontales.

La retirada de la entibación es a medida que se rellena la zanja.

Fuente de estas imágenes: Documentación charla sobre Trabajos en zanjas y vaciados. Cámara de contratistas de la Comunidad Valenciana. 1997

6.3.- Protección sin entibación completa

Cuando una zanja debe estar abierta durante un período muy corto, como es el caso para la colocación de canalizaciones donde el trabajo en la zanja es reducido, parece desproporcionado establecer una entibación completa, ya que ello demanda siempre un trabajo largo y una fuerte inmovilización de material.

También, la idea viene de utilizar, cuando los terrenos se prestan, protecciones móviles que permitan a los trabajadores colocar conducciones sin temor a las consecuencias de un derrumbe.

Estas protecciones, están constituidas generalmente por cajones construidos por la empresa y de dimensiones adaptadas a los trabajos a realizar. Frecuentemente la estructura de la caja es metálica, y las paredes están constituidas por tablones o tablestacas.

Su apoyo en el suelo es recomendable hacerlo a través de patines, que permitan su deslizamiento por simple tracción.

Estos cajones deben tener una resistencia suficiente para soportar los esfuerzos dinámicos y antisimétricos a los que pueden estar sometidos en caso de desprendimientos. En este sentido el empleo de materiales ligeros en vista a su más fácil desplazamiento, proporcionan una protección ilusoria.

Este procedimiento, sólo es utilizable, en terrenos buenos, y exige que la colocación de los tubos siga a la excavación de la zanja, de tal manera que el terreno no se desmorone antes de la colocación del dispositivo de protección.

La circulación en la zanja, fuera de la zona protegida es peligrosa. El rellenado de la zanja progresará lo más cerca posible de la caja, prohibiéndose la circulación y el estacionamiento de los trabajadores entre la caja y la pala.

6.4.- Accesos a las zanjas

A ambos lados de la zanja se dejará una berma libre de obstáculos de al menos 40 cm, si se prevé el paso de carretillas la misma tendrá un ancho mínimo de 60 cm.

Si la zanja se encuentra al borde de una calzada, no se permitirá ni que los peatones y mucho menos los vehículos puedan circular por esta berma.

Para evitar que los vehículos se aproximen demasiado al borde de la zanja, se delimita el espacio de la berma mediante balizamiento o caballón de tierra.

Notificar, si ha lugar, a los servicios municipales, la posible ordenación del tráfico.

Para evitar la caída de tierras, piedras, útiles en el interior de la zanja, las tablas de entibación sobrepasarán en 15 cm al menos el nivel del suelo, al objeto que constituyan un rodapié.

Si la profundidad de la zanja es mayor de 2 m se colocarán barandillas.

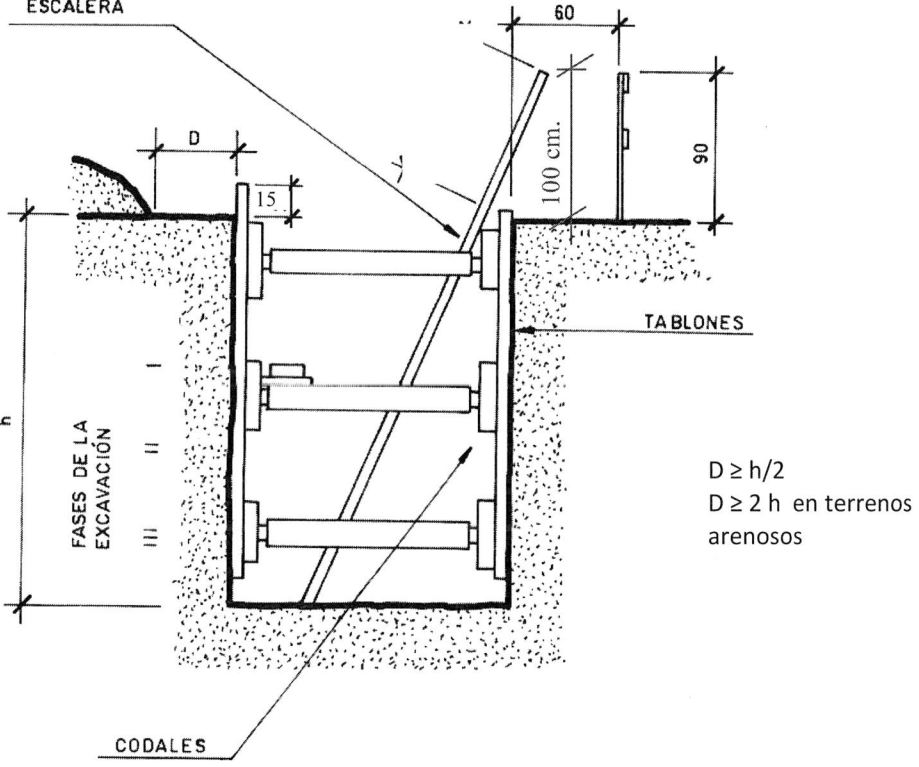

$D \geq h/2$
$D \geq 2 h$ en terrenos arenosos

Imagen a partir de la publicada en: Documentación charla sobre Trabajos en zanjas y vaciados. Cámara de contratistas de la Comunidad Valenciana. 1997

6.5.- Encuentros y codos

Si la zanja hace un codo, si se cruza con otra zanja, incluso si está rellena, la tierra situada en el ángulo de encuentro son tanto más inestables cuanto más agudo sea el ángulo que formen. Por lo que se extremarán las precauciones en esos puntos.

6.6.- Trabajos en el fondo de las zanjas

El ancho mínimo de una zanja a sólo efectos de trabajo viene dado en función de su profundidad, siendo recomendable los valores que damos a continuación.

PROFUNDIDAD ZANJA (m)	ANCHURA MÍNIMA (m)
HASTA 1,50	0,65
HASTA 2,00	0,75
HASTA 3,00	0,80
HASTA 4,00	0,90
MÁS DE 4,00	1,00

Si además de lo anterior tenemos en cuenta el diámetro del tubo tendremos:

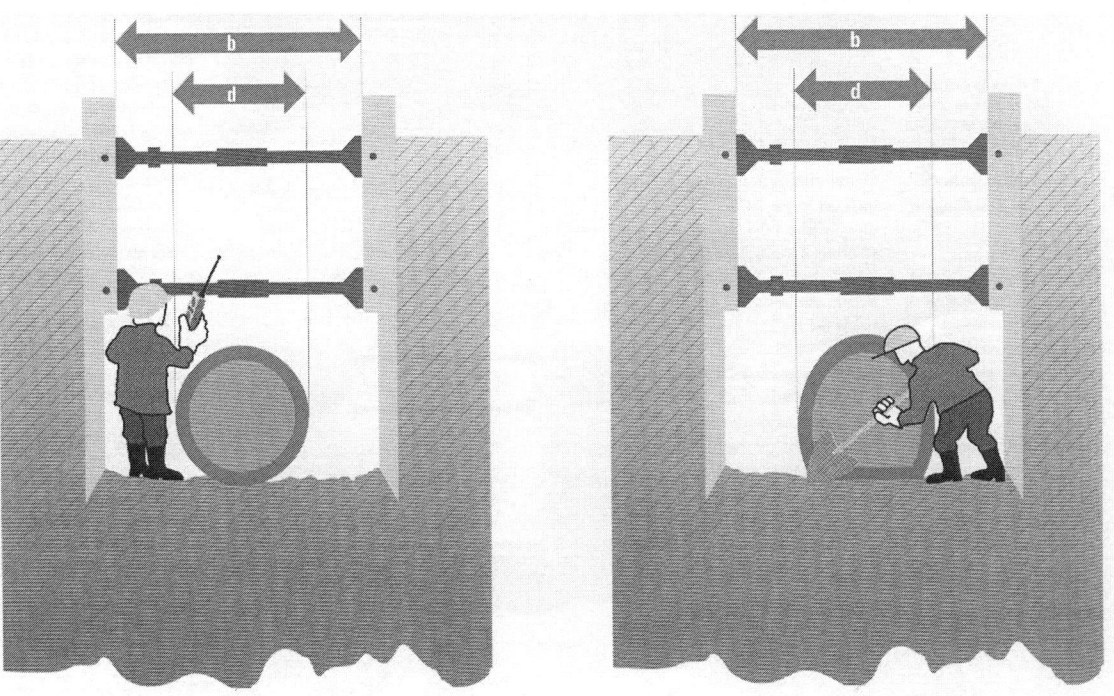

Fuente de estas imágenes: Información comercial de SBH-IGUAZURI sobre Sistemas de entibación SBH.

ANCHURA ZANJA SEGÚN DIN

Diámetro exterior del tubo (d en m)	Mínima anchura (b en m)
Hasta 0,40 m.	b = d + 0,40
de 0,40 hasta 0,80 m.	b = d + 0,70
de 0,80 hasta 1,40 m.	b = d + 0,85
más de 1,40 m.	b = d + 1,00 m.

Cuando el trabajador maneje el pico o la pala, se deberá dejar entre ellos una distancia de 2-2,5 m. Demasiado juntos, se molestan unos a otros y puede resultar peligroso.

7.- EJECUCIÓN DE VACIADOS

En todo lo que sigue entenderemos que la profundidad de excavación supera los 1,30-1,50 m.

7.1.- Técnicas de trabajo

Las técnicas de vaciado, las podemos clasificar de acuerdo con el cuadro que sigue:

Sin estructura previa:

Por corte vertical
Por corte en taludes
Por talud definitivo
Por talud y relleno
Por talud y bataches

Con estructura previa

Con muros de contención
Con pantallas
Simultáneo

Mejora de las propiedades físicas del suelo

Inyecciones
Congelación

SIN ESTRUCTURA PREVIA

Por Corte Vertical

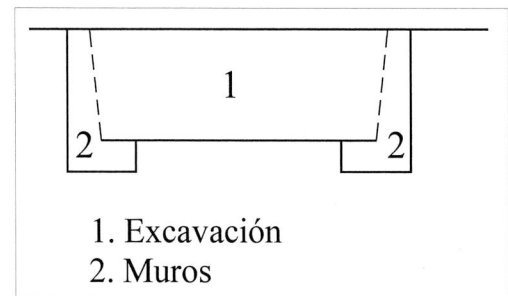

1. Excavación
2. Muros

Por corte vertical, para realizar posteriormente la estructura de contención

Por Corte en Taludes

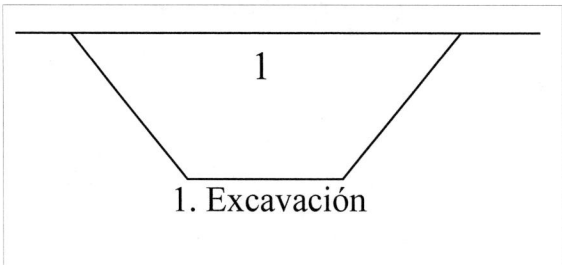

1. Excavación

Dejando el talud como elemento de contención definitivo

Por Talud y Relleno

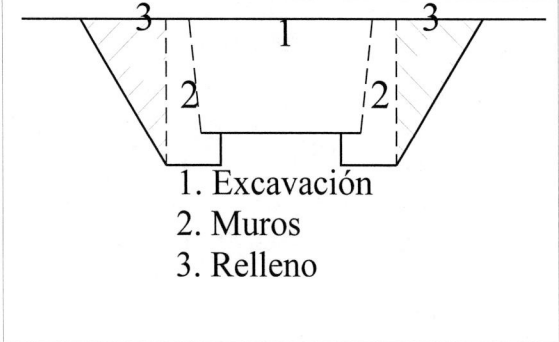

1. Excavación
2. Muros
3. Relleno

Realizando la estructura de contención por delante del talud y rellenando posteriormente su trasdós

Por Talud y Bataches

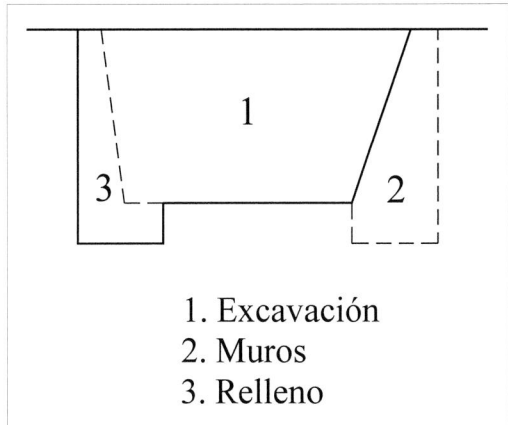

1. Excavación
2. Muros
3. Relleno

Realizando la estructura de contención por detrás del talud mediante corte por bataches

CON ESTRUCTURA PREVIA

Con Muros de Contención

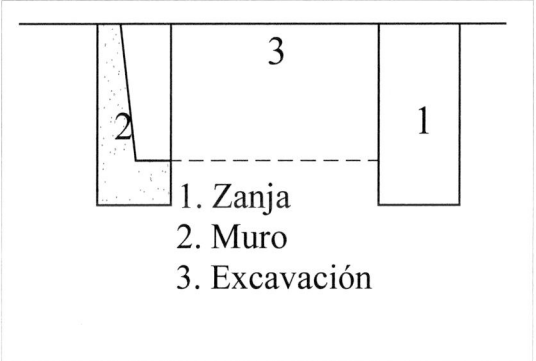

1. Zanja
2. Muro
3. Excavación

Con Pantallas

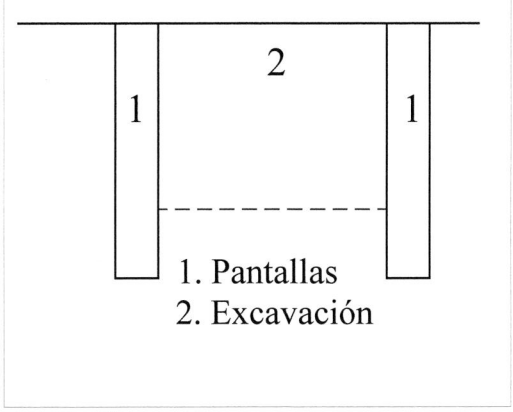

1. Pantallas
2. Excavación

Con Muros Anclados
(simultáneo)

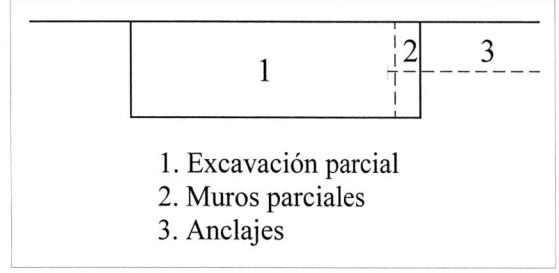

1. Excavación parcial
2. Muros parciales
3. Anclajes

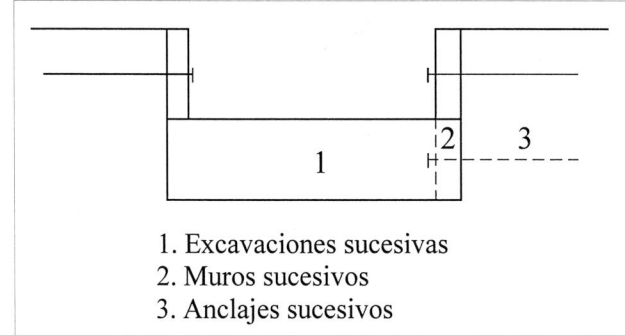

1. Excavaciones sucesivas
2. Muros sucesivos
3. Anclajes sucesivos

7.2.- Medidas generales de Protección

Antes del vaciado

- El solar quedará delimitado por una valla de altura no menor de 2 m, situándose a una distancia del borde del vaciado no menor de 1,5 m.
- Se dispondrá de herramientas manuales para caso de accidentes (palas, picos, serruchos, tablones, etc)
- Se revisará la maquinaria al objeto que disponga de los medios de protección y sistemas de seguridad en condiciones, especial atención merecerá los sistemas hidráulicos, así como los cableados.
- Se establecerán las distancias de seguridad a las líneas eléctricas.
- Se dispondrán los equipos de protección personal necesarios (cascos, botas, mascarillas, guantes, etc), comprobando su buen estado

Durante el vaciado

- Acceso máquinas

Se efectuará mediante rampas que cumplan los siguientes requisitos

ancho mínimo
tramos rectos................4,5 m.
curvas.........................6,0 "

pendiente máxima
tramos rectos.................12%
curvas........................... 8%

anden previo a vía comunicación
el mayor de los dos valores (6 m, 1,5 veces la sep. entre ejes)

mantendrá el talud natural del terreno en sus lados libres

- Acceso personas

Siempre que sea posible, será independiente del utilizado por las máquinas, se podrá efectuar mediante escaleras manuales, escalas fijas o escaleras provisionales, debiendo cumplir en todo caso lo indicado en el apartado 5.7 de este tema. En el caso que tengamos que utilizar la rampa, en la misma se delimitará un pasillo, mediante barandilla.

- No se excavará socavando la base (a tumbo), para provocar el vuelco.

- No se acumulará terreno de excavación a menos de 2 veces la profundidad de vaciado (salvo que se haya tenido en cuenta en el cálculo de las contenciones)

- Se acotará la acción de cada máquina en su tajo, dotándolas de avisador acústico de marcha atrás.

- Se dispondrán tacos que impidan la aproximación de vehículos al borde del vaciado.
- El avance de la excavación no superará los tres metros por tongada, procediéndose al saneo de las paredes antes de continuar.

- No se trabajará en la parte inferior de otro tajo, caso necesario se dispondrá de la oportuna visera de protección.

- Los itinerarios de evacuación, deben de estar libres de obstáculos

- Las partes perimetrales accesibles a los trabajadores quedarán protegidas mediante barandillas reglamentarias.

Después del vaciado

- Alcanzada la cota inferior del vaciado, se hará una revisión general de las edificaciones medianeras.
- Hasta que se efectúe la consolidación definitiva de las paredes de la excavación se mantendrán las contenciones y apeos realizados.

7.3.- Vaciados sin estructura previa

Cuando el vaciado se haga sin estructura previa, el corte vertical, talud definitivo, talud y relleno o talud y batache, respetarán la altura máxima admisible de corte que fija el proyecto, según condiciones del terreno y cálculos correspondientes.

Los bataches se dimensionarán y excavarán según lo dispuesto en el proyecto, entibando si así se determina. Comprobándose diariamente tanto la entibación como los taludes.

Los trabajos de entibación se acabarán en cada jornada, no dejando sin entibar zonas que deban estarlo.

Los taludes se sanearán y protegerán si es preciso con mallas o plásticos.

Al hacer el muro delante del talud, para posterior relleno, se extremarán las precauciones para garantizar la estabilidad de los encofrados.

7.4.- Vaciados con estructura previa

Pantallas (definitivas, pilotes, tablestacas)

Bajo el punto de vista de la seguridad de los trabajos, constituye uno de los métodos más idóneos para efectuar un vaciado.

No vamos a describir aquí como se realizan este tipo de trabajos, por ser de sobra conocidos, pero si nos vamos a extender en las medidas de seguridad específicas a adoptar:

- En el murete guía, se dejarán puntos de anclaje, formados por redondos en forma(Ω) cada 1-1,5 m, para punto de enganche del sistema anticaídas en los trabajos de borde (ayudas a la cuchara, puesta en obra de la ferralla y hormigón, colocación de los tubos de hormigonar, vibrado, etc)
- Caso que se tenga que bajar al batache, se efectuará en el interior de una jaula, debidamente calculada. Para este tipo de trabajos, se dispondrá de un equipo de protección de las vías respiratorias si fuera necesario, cosa que se determinará previamente comprobando la atmósfera del fondo.
- El avance de la excavación se hará de forma uniforme, y de tal manera que cada capa no supere los 1,5 m, si se hace de forma manual o de 3 m si se emplean medios mecánicos.

7.5.- Vaciados con mejora de las propiedades físicas del suelo

Los riesgos de excavación empleando estos métodos son similares a los que nos encontramos cuando utilizamos estructura previa, y las diferencias radican en el distinto tipo de maquinaria empleada, así tendremos para:

Inyecciones del suelo

- En la central de fabricación de las mezclas, se dotará al personal de protectores auditivos
- Para disminuir el riesgo de roturas en las conducciones se emplearán al máximo tubos de acero para alta presión, disminuyendo la utilización de tubos de goma (abrasión interna)
- Se emplearán guardacores de seguridad firmemente anclados para evitar en caso de rotura el efecto látigo
- Se comprobará el mecanismo de parada automática de la bomba por sobrepresión en el circuito
- Las comunicaciones se efectuarán por telefonía alámbrica, al objeto de evitar interferencias
- Orden estricta en la línea que únicamente sea el responsable origen de la orden de dejar el circuito sin presión, el autorizado para dar la orden de volver a dar presión al mismo.

Congelación de suelos

- La carga y descarga de cisternas de nitrógeno o de dióxido de carbono, sólo podrán realizarse por la casa suministradora autorizada.
- La regulación de presiones y caudal en los circuitos de congelación será responsabilidad de la empresa encargada de llevar a cabo la congelación.
- La manipulación de los circuitos e instalaciones se realizarán siempre utilizando la protección de guantes criogénicos y cascos de seguridad con pantalla facial.
- La atmósfera en el interior de la excavación estará controlada para evitar que la riqueza de oxígeno en ella contenida no descienda del 18 %. Se utilizarán medidores continuos de la riqueza de oxígeno y ventilación adecuada a cada caso.
- Para emergencias se dispondrá de equipos de respiración autónoma.
- Los circuitos criogénicos quedarán acotados prohibiendo la circulación de vehículos en sus proximidades, y protegidos contra golpes.

8.- TABLAS

A continuación ofrecemos unas tablas con ángulos de inclinación y pendientes de los taludes en función de la naturaleza del terreno

TABLA DE ÁNGULOS DE INCLINACIÓN Y PENDIENTES DE LOS TALUDES

NATURALEZA DEL TERRENO	Excavaciones en terreno virgen o terraplenes homogéneos muy antiguos.				Excavaciones en terreno removido recientemente o terraplenes recientes.			
	TERRENOS				TERRENOS			
	SECOS		INMERSOS		SECOS		INMERSOS	
	Ángulo con la horiz.	Pendiente	Ángulo con la horiz.	Pendiente	Ángulo con la horiz.	Pendiente	Ángulo con la horiz.	Pendiente
Roca dura	80º	5/1	80º	5/1	-	-	-	-
Roca blanda o fisurada	55º	7/5	55º	7/5	-	-	-	-
Restos rocosos, pedregosos, derr..	45º	1/1	40º	4/5	45º	1/1	40º	4/5
Tierra fuerte (mezcla de arena y arcilla). Mezclada con piedra y tierra vegetal	45º	1/1	30º	3/5	35º	7/10	30º	3/5
Grava, arena gruesa no arcillosa	35º	7/10	30º	3/5	35º	7/10	30º	3/5
Arena fina no arcillosa	30º	3/5	20º	1/3	30º	6/10	20º	1/3

DENOMINACIÓN DE TIERRAS	ÁNGULO DE TALUD NATURAL		
	SECAS	HÚMEDAS	MOJADAS
Rocas duras	80-85º	80-85º	80-85º
Rocas blandas o con fisuras	50-55º	45-50º	40-45º
Canteras	45-50º	40-45º	35-40º
Gravas	35-45º	30-40º	25-35º
Arena gruesa (no arcillosa)	30-35º	30-35º	25-30º
Arena fina (arcillosa)	30-40º	30-40º	10-25º
Arena fina (no arcillosa) .	25-30º	30-40º	20-30º
Tierra vegetal	35-45º	30-40º	20-30º
Arcilla marga (tierra arcillosa)	40-50º	30-40º	10-30º
Tierras fuertes	45-55º	35-45º	25-35º

TALUD NATURAL ATENDIENDO A LA NATURALEZA DEL TERRENO

- VALOR INFERIOR   TERRENOS SUELTOS (EXCAVACIONES RECIENTES Y RELLENOS)

- VALOR SUPERIOR   TERRENOS COMPACTOS

9.- BIBLIOGRAFÍA

- Textos legales citados en el texto

- Documento Básico SE-C Cimientos del Código Técnico de la Edificación

- Normas Tecnológicas de la Edificación
    ADE - Explanaciones
    ADV - Vaciados
    ADZ - Zanjas y Pozos
    CCM - Muros
    CCP - Pantallas
    CCT - Taludes

- Manual para estudios y Planes de Seguridad e Higiene en la Construcción - Pedro A. Beguería Latorre

- Seguridad prácticaen la construcción. - J. Ignacio Miangolarra y Javier Puente - Servicio Central de Publicaciones del Gobierno Vasco.

- Prevención de Riesgos - Construcción - SEOPAN

- Exécution des fouilles en tranchées   - INRS

    -    Travaux de fouilles en tranchées - OPPBTP

- Excavación en zona urbana de zanjas, pozos y pequeñas galerías - CSHCC

- Seguridad en Nuevas Técnicas de Construcción - INSHT

- Excavaciones en zona urbana - José Gascón y Marín Laguna

- Excavaciones a cielo abierto - Luis Armengou Marsans

- Documentación Jornada Vaciados - Valencia 1993

- Documentación charla sobre Trbajos en zanjas y vaciados. Cámara de contrastistas de la Comunidad Valenciana. 1997.

- Documentación Casas Comerciales

10.- COMPLEMENTOS

A. FORMAS DE ROTURA DE UNA ZANJA EN TERRENO ARCILLOSO

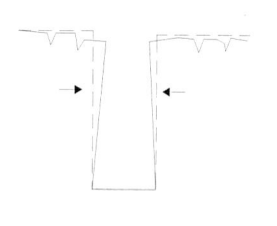

1. Agrietamiento en arcilla dura

c.d.g.

2. Rotura circular en arcilla media

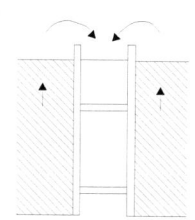

3. Levantamiento del foso en arcilla blanda

B. FORMAS DE ROTURA DE UNA ZANJA EN TERRENO ARENOSO

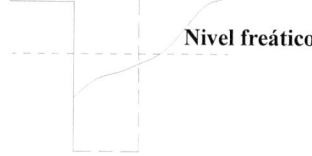

Nivel freático

4. Arrastre lateral por fluido de agua

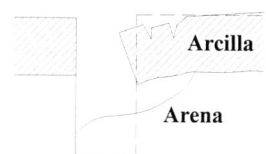

Arcilla

Arena

5. Socavación de una capa interior arenosa

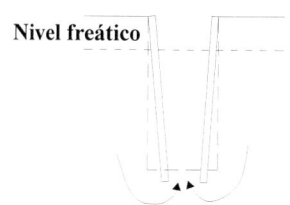

Nivel freático

6. Sifonamiento del fondo por fluido de agua

C. FORMAS DE ROTURA DE UNA ZANJA EN ROCA

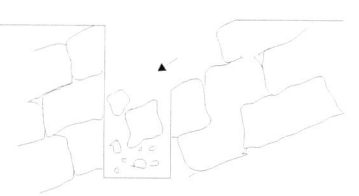

7. Rotura por un plano de discontinuidad

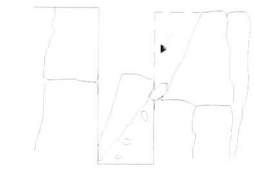

8. Rotura en la zona superior meteorizada

D. FORMAS DE ROTURA DE UNA ZANJA EN TERRENO HETEROGÉNEO

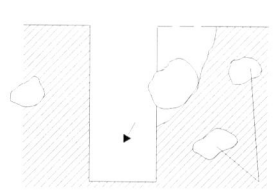

9. Rotura a causa de la caída de un bolo

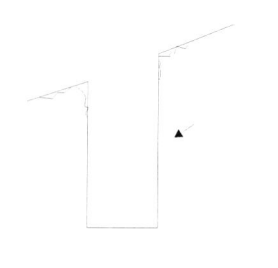

10. Rotura lateral a causa de la pendiente transversal

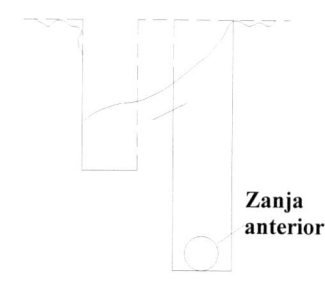

Zanja anterior

11. Rotura a través de un relleno anterior

SISTEMAS DE ENTIBACION

ENTIBACION	TRABAJOS PUNTUALES	GRAN Nº SERVIC.	PROFUNDIDAD HASTA M.						ENTIBACION SEGUNDA (Tn/m²)		NIVEL FREATICO		DESPRENDIMIENTO TERRENO		
			2	3	3,7	7,4	8	11,1	> 1,8	> 4	Alto	c/ Well-Point	Puntual	Avería	Poco Compacto
Madera	X	X	X												
Berlinesa		X					X								
Blindajes Ligeros				X					X				X		
Blindajes Flexibles	X		X												
Compactos o Paneles				X					X				X		
Paneles c/Guías Simples					X					X	X	X		X	X
Paneles c/Guías Dobles						X				X	X	X		X	X
Paneles c/Guías Triples								X		X	X	X		X	X
Tablestacas				X	X	X			X		X		X	X	X